国际儒学联合会资助出版

典亮世界丛书

《道法自然　天人合一》，彭富春　编著

《天下为公　大同世界》，干春松、宫志翀　编著

《自强不息　厚德载物》，温海明　主编

《民惟邦本　本固邦宁》，颜炳罡　编著

《为政以德　政者正也》，姚新中、秦彤阳　编著

《革故鼎新　与时俱进》，田辰山、赵延风　编著

《脚踏实地　实事求是》，杜保瑞　编著

《经世致用　知行合一》，康　震　主编

《集思广益　博施众利》，章伟文　编著

《仁者爱人　以德立人》，李存山　编著

《以诚待人　讲信修睦》，欧阳祯人　编著

《清廉从政　勤勉奉公》，罗安宪　编著

《俭约自守　力戒奢华》，秦彦士　编著

《求同存异　和而不同》，丁四新　等　编著

《安不忘危　居安思危》，吴根友、刘思源　编著

國際儒学聯合會·典亮世界丛书

俭约自守
力戒奢华

秦彦士 编著

人民出版社

出 版 说 明

2014 年 9 月 24 日，习近平主席在纪念孔子诞辰 2565 周年国际学术研讨会暨国际儒学联合会第五届会员大会开幕会上的讲话中，提出了包括儒家思想在内的中国优秀传统文化中蕴藏着解决当代人类面临的难题的重要启示："关于道法自然、天人合一的思想，关于天下为公、大同世界的思想，关于自强不息、厚德载物的思想，关于以民为本、安民富民乐民的思想，关于为政以德、政者正也的思想，关于苟日新日日新又日新、革故鼎新、与时俱进的思想，关于脚踏实地、实事求是的思想，关于经世致用、知行合一、躬行实践的思想，关于集思广益、博施众利、群策群力的思想，关于仁者爱人、以德立人的思想，关于以诚待人、讲信修睦的思想，关于清廉从政、勤勉奉公的思想，关于俭约自守、力戒奢华的思想，关于中和、泰和、求同存异、和而不同、和谐相处的思想，关于安不忘危、存不忘亡、治不忘乱、居安思危的思想，等等。"习近平主席的重要讲话高屋建瓴，视野宏大，思想深邃，深刻阐明了中华优秀传统文化为人们认识和改造世界提供的有益启迪，为治国理政提供的有益启示，为道德建设提供的有益启发，对传承弘扬中华优秀传统文化具有长远的根本的指导意义。

俭约自守　力戒奢华

1

　　为把学习贯彻落实习近平主席这一重要讲话精神进一步引向深入，国际儒学联合会与人民出版社共同策划了"典亮世界丛书"。丛书面向对中华文化感兴趣的海内外读者，以习近平新时代中国特色社会主义思想为指导，结合新时代中国的治国理政实践，由在中华传统文化领域深耕多年的学者担纲编写，从浩如烟海的中华典籍中精选与这十五个重要启示密切相关的典文，对其进行节选、注释、翻译和解析，赋予其新的涵义，以帮助读者更好地理解中华优秀传统文化之于当代中国的价值，为解决当代人类面临的难题提供中国方案，让中国优秀传统文化同世界各国优秀文化一道造福人类！

　　我们应秉持历史照鉴未来的理念，传承创新包括儒学在内的中华传统文化，把那些跨越时空、超越国度、具有当代价值的文化精神弘扬起来，倡导求同存异，消弭隔阂，增进互信，促进文明和谐共生，弘扬和平、发展、公平、正义、民主、自由的全人类共同价值，为共创后疫情时代美好世界、推动构建人类命运共同体而努力。

国际儒学联合会、人民出版社

2022 年 4 月

目 录

引　言

　　公元前 1046 年甲子日，细雨蒙蒙之中，不足五万人的周武王盟军与数十万商纣王大军在商朝的国都附近展开了一场殊死大战。按照商纣王的想法，剿灭这伙叛贼肯定是轻而易举的事情。然而，谁也没有料到的是，战场上形势逆转，有六百年基业的商王朝命运就在这一天决定了：王都附近牧野发生的这场激战竟然不到一天就以周军大胜结束——其直接的原因就是商王的军队在阵前"倒戈"，这就大大地帮助了周王的军队——武王也从此奠定了八百年周朝的基业。

　　然而，当武王去世之后，周朝的最大开国功臣周公并没有大肆宣扬周朝的丰功伟业，而是为继位的成王留下一篇著名的文章《无逸》，告诫年幼的成王要吸取商纣王荒淫腐败导致国家灭亡的深刻教训。从此，"节俭则昌，淫佚则亡"成为流传千年的古训。而对此作出系统理论总结的正是平民思想家墨子。

　　墨子的学说有两个重要特征历来受到人们的推重：一个是"兼爱、非攻"的和平思想，另外一个就是力行节俭的道德要求。汉代史学家司马谈（著名历史学家《史记》的作者司马迁的父亲）在《论六家要旨》中评价墨家说："要曰强本节用，则人给家足之道也。此墨子之所长，虽百家弗能废也。"意思就是说，墨子强调的重视农业这个立国的根本以及倡导力行节俭的要求，是满足老百姓需要、实现国家长治久安的根本之道。这种思想是墨子理念和墨家学派思想中最突出的优点，也是诸子百家都无法反对的。

作为农耕的民族，从创立文明之初，我们的中华民族就一直提倡勤劳节俭：从最古老的典籍《尚书》《诗经》到《左传》《国语》以及先秦诸子的著述中，勤俭朴素、力戒奢华一直是贯穿民族历史的普遍要求。墨子的贡献就在于将中国古代作为一般原则的节俭思想，发展成为系统的理论主张。墨子不仅在《节用》的"上""中""下"三篇中专门阐发他的这一思想，同时在《亲士》七篇以及著名的"十论"中也都不断加以申明和论述。以至在后世许多学者看来，节俭成为墨家的代表性观点。

墨子何以特别强调节俭，这一方面是源于他的平民出生背景，另一方面则是这一主张的强烈现实性与社会针对性。同时这也是他在总结历史教训的基础上提出的治理国家的重要思想主张。作为"农与工肆之人"的代表，墨子正是基于这种立场，对当时的贫富严重对立表示了极端不满与强烈反感，同时他站在社会上绝大多数人的平民百姓立场，进一步提出了解决当时社会问题的重要理论，其中就包含了"节用""节葬"的重要主张。

在墨子看来，社会混乱动荡的一个根本的原因就是贫富严重不均，尤其是社会的动乱、战争以及贵族对平民的剥夺使得后者失去生存的最低物质条件，造成了"饥者不得食，寒者不得衣"，而王公大人却"厚作敛于百姓，暴夺民衣食之财"这样的不合理现象。墨子认为这种财富分配的极端不均正是"国贫而难治"的大乱祸根。因此墨子不断地将他的"兼爱""非攻"思想以及"节用""节葬"等节俭思想作了"郑重其意，反复其言"的申说与强调。这不仅反映了墨子作为平民的代表所体现出的沉痛深切的现实感受，而且展现了古代这位"摩顶放踵利天下为之"的思想家急于改变这种不合理现实的急迫心情。

在墨子的治国理政思想中，节俭不仅仅是一个道德的问题，而且是一个涉及社会稳定和人民幸福的重大问题。所以我们就会看到在《墨子》一书中，"节用"与他治国的全部理念都是相互关联的：战争"暴夺民衣食之财"，因此必须坚决反对（非攻）；"天""兼爱天下"，对出生贵贱不同背景的一切人都一视同仁，故要遵从其意志（天志）；贤能之人秉承这种理念治理国家，因此要将他们推荐出来治理天下（尚贤）；儒家主张的繁盛礼乐极大的浪费了社会资源，必须坚决反对（非儒）……通过"十论"的阐述，墨子的结论是：凡是不利于民生的各种耗费都必须停止，节制这些无用的耗费实际上也就是增加了社会的财富。

但墨子并不是要政府废除一切赋税，完全反对进行必要的公共开支。他认为关键不在于国家是否征收赋税，而在于为什么征收，征收的力度控制在什么范围。如果是为了应对灾荒，抵御外敌的侵略，必要的赋税和合理的负担还是需要的："仓无备粟，不可以待凶饥；库无备兵，虽有义不能征无义。"所以，如果赋税控制在一个合理的范围，老百姓还是愿意承担的："以其常正，收其租税，则民费而不病。"也就是说如果税收是正常合理的，那么百姓虽然有费用和劳役需要付出，也不会成为沉重的负担，不会感到极端的痛苦。但如果超出了"常正"的范围，甚至"厚作敛于百姓"，就会造成"上不厌其乐，下不堪其苦"的严重局面，那就会对社会造成极大的破坏。

墨子在大力批判社会的不合理之处以及各种陈规陋习之后，提出了自己厉行节俭、强力从事的主张："食不可不务也，地不可不力也，用不可不节也。""以时生财，固本而用财，则财足。"当许多国君通过掠夺别国财富来壮大自己实力的时候，墨子却主张力行节俭来增加财富。这样的观点不仅在古代具有它的合理性，而且在今天依然具有重要的启示。墨子提倡节俭所针对的首要对象，首先就

俭约自守 力戒奢华

3

是消耗国家财力物力最多的统治阶级。正如贾谊总结的那样："繁刑严诛，吏治刻深；赏罚不当，赋敛无度。天下多事，吏不能纪；百姓困穷，而主不收恤。然后奸伪并起，而上下相遁；蒙罪者众，刑戮相望于道，而天下苦之。自群卿以下至于众庶，人怀自危之心，亲处穷苦之实，咸不安其位，故易动也。"意思就是说：帝王刑罚更加繁多，杀戮更加严酷，官吏办事苛刻狠毒，赏罚不得当，赋税搜刮没有限度，国家的事务太多，官吏们都治理不过来；百姓穷困已极，而君主却不加收容救济。于是奸险欺诈之事纷起，上下互相欺骗，蒙受罪罚的人很多，道路上遭到刑戮的人前后相望，连绵不断，天下的人都陷入了苦难。从卿相以下直到平民百姓，人人心中自危，身处穷苦之境，到处都不得安静，所以容易动乱。

　　贾谊的思想一方面基于秦汉社会现实的反思，另一方面也是继承先秦思想家学术遗产的总结，尤其是得益于孔子与墨子的思想启示。在汉代前期"孔墨并称"是一种普遍的事实。作为先秦时代与儒家并称"显学"的墨子思想，与以孔子为代表的儒家思想具有根本上的相同性（他们虽然有不少观点的分歧，但在许多重大问题上却有共同看法）：他们都反对国家穷兵黩武，反对向民众征收沉重的赋税，都同样提倡"节俭"。孔子就明确地说，（举行祭祀礼仪的时候，准备礼品）"与其奢，宁俭"。也同样提倡道德精神的追求，过简朴的生活："饭疏食，饮水，曲肱而枕之，乐亦在其中矣。不义而富且贵，于我如浮云。"前者是说：与其花费大量的民力物力去准备许多祭祀的礼品，还不如礼品虽然简单，但内心非常恭敬更好。后者的意思则是：吃着粗粮，喝着凉水，弯曲手肘当枕头，也有着乐趣。如果要舍弃正义去追求富贵，那样的事情对我来说就像天上的浮云一样不真实（我不会这样去做）。孔子这样的榜样给他的学生深刻的教育，在"弟子三千，贤人七十二"的学生中间，我们就会看到"衣敝缊袍，与衣狐貉者立，而不耻者"的子路，"一箪食，一瓢饮，在陋巷，人不堪其忧，回也不改其乐"的颜回，尤其是他与老师甘于贫贱的"孔颜之乐"更是成为历史上的千古佳话。

再往后的汉代，有乘坐牛车、穿着朴素，却依靠黄老修养生息的政策打造了著名的"文景之治"的汉文帝。此后，在吸取隋代短暂灭亡的历史教训之后，创造了著名大唐盛世的唐太宗也是一位出名的节俭皇帝。此外中国著名的历史人物从范仲淹、苏轼到曾国藩，他们的节俭故事都为后世代代相传，直到今天仍然教育感动着无数的中国人。

相反，古今中外也有很多奢侈腐败亡国的典型案例：历史悠久的古埃及帝国，曾经雄视周边国家数千年，然而法老的奢华与无止境的使用民力，使得这个无比强大的帝国最终轰然倒下；强大的罗马帝国曾经战无不胜，然而却因为全社会的日益奢华淫靡导致了这个不可一世帝国的彻底覆灭；清帝国从白山黑水的林莽中崛起，但在所谓"盛世"之后不久，就逐渐走向了衰亡，在这个历史进程中，"八旗子弟"从骁勇之士堕落成为游手好闲的纨绔子弟更是给人们留下了历史的笑柄……

在当代，这样的悲剧依然在不断的上演：中非独裁者博卡萨的加冕仪式就花费了3000万美金（占到1977年中非国民收入的一半），仅一套服装就装饰了13000颗钻石！然而，独裁者的命运就是最终被判处死刑。另一个独裁者扎伊尔的蒙博托也是世界上聚敛财富最多的人之一，他曾经打着国有化的旗号将2000多家公司归到他家族的亲朋好友手中。他自己的个人财产高达50亿美元！在他的国家上行下效贪腐成风的同时，全国却有40%的人营养不良。伊拉克总统萨达姆曾经权倾一时，但他的专横腐败导致在外敌入侵的时候，从自己的军队到人民都没有人为他拼死效命，伊拉克的沦陷也使得这个国家至今依然处于动荡和贫困之中。

不仅在非洲和中东国家存在严重的贪腐奢侈的罪恶，在发达国家同样也有不少同类的问题，甚至在经济最发达的美国，贫富两极分化的现象也日益严重，在财富不断集中到极少数富豪手中的同时，穷人却更加贫穷。在许多国家因冗员过多和贪腐浪费引起人民群众极大不满的当今时代，古代节俭思想在今天的现实意义不断引发人们的重视。联系国际国内的大量不合理现实，以墨子为代表的中国古圣先贤节俭思想的当代价值在今天仍然值得我们深入发掘和大力传播。

自古以来，贫富不均、奢侈腐败导致的社会问题就不断引发人们的探讨，并试图寻找到解决的办法。然而，全球经济一体化之后问题不仅没有得到解决，财富两极分化的现象反而愈演愈烈；一方面是大量的财富集中在极少数人的手里，另一方面则是越来越多的穷人挣扎在饥饿与死亡的窘境之中。在 2020 年爆发全世界范围的新冠肺炎疫情之后，这种情况更加严重。在这种情况下，各国本来应该加强合作来应对疫情，但是在现实中不仅有的国家掌握权力的领导人忽视科学防疫与国家之间的合作，而且不少富豪还乘机通过囤积疫苗等手段大肆聚敛财富。

当今时代一方面是不少贫穷国家、地区的人在忍受饥饿的威胁，另一方面则是富裕的国家大量浪费。单看联合国公布的粮食浪费的数据就让人触目惊心：根据 2020 年 10 月 16 日"世界粮食日"联合国粮农组织公布的数据，有 14% 的粮食是在从生产到零售的环节浪费掉的。由此带来的结果就是：仅 2019 年全世界就有 6.9 亿人处于饥饿状态！这个数字比 2018 年增加了 1000 万人，比五年前增加6000 万人！新冠肺炎疫情爆发之后这个数字更是急剧增加，当时据粮农组织估计，到 2020 年底，新增的饥饿人口将达到 1 亿人左右！到 2030 年总的数字不仅不会减少，反而会达到 8.4 亿人！在中国，尽管我们依靠 6% 的淡水、9% 的耕地养活了全球 20% 的人口，但在这个骄人的成就背后，我们国家的粮食浪费依然非常惊人：仅 2015

年我们浪费的粮食就高达1700—1800万吨！足够三四千万人口一年的食用量。针对这种严重的浪费情况，我们必须加大立法力度遏制这种现象，同时我们也要大力弘扬中华民族节俭的美德，大力提倡勤俭节约。尤其是在疫情肆虐的情况下，我们重温古代圣贤的节俭理论具有重要的意义。发挥自古以来的节俭美德，大力提倡简朴的生活，降低人类对能源的需求，这是人类自我拯救的根本出路。

人类的贪婪索取还对我们赖以生存的环境造成巨大的破坏——2021年4月20日的新闻报道画面显示了北极最大的冰山因融化而轰然垮塌，这是地球已经不堪重负的象征。在人类活动加剧的情况下，地球上的热带雨林与大片森林不断消失，二氧化碳浓度不断增加。在这种时刻，惊心动魄的浪费更加令人不可容忍。因此，大力提倡节俭已经不是一个道德的问题，而是关系到人类生存的重大问题。

与此同时，我们也要看到节俭是各民族公认的美德，这是我们当代提倡节俭的重要思想资源。以墨子"节用"为代表的观点与古希腊的第欧根尼主张的简朴生活主张、直到现代甘地提倡的"土布运动"，都是人类朴素的优良传统。换言之，节俭代表了人类共同的道德要求。在与墨子生活的春秋战国时代相近的古代希腊罗马，极简主义同样曾经风靡一时，著名的斯多葛学派就是其中最有名的代表。该学派提出了与中国古代的墨家、道家相类似的观点：自然的法则胜于人类的法则，人类如果要获得幸福，必须要顺应自然的法则。幸福的根本是德行而不是财富；个人的幸福完全来自内心的宁静；外在的功名和事物无助于幸福，人的幸福不在外表而在于寻找到人的内在的本质。

在节俭传统的影响下，当代的许多国家已经开始了"极简生活"运动：即提倡尽量减少生活物品，拒绝奢侈品；在减少物质欲望的同时更加注重精神道德的追求。

在贪腐浪费造成巨大的社会问题的当今时代，在人类赖以生存的地球环境不断遭到破坏造成生态危机的严峻现实面前，我们重温古圣先贤的节俭主张以及人类公认的简朴生活方式，具有紧迫而重大的意义。

第一篇

节俭则兴 淫佚则亡

在中国历史上，从上古的夏商周三代到最后一个封建王朝清朝，曾经发生了多次由于极端的奢侈腐败而导致亡国的悲剧。针对这些惊心动魄的反差强烈的巨变，无数思想家、历史学家都在不断地总结历史的教训：在著名历史人物周公的《无逸》之后，汉代的贾谊、唐代的魏徵、宋代的司马光、明代的李贽、清代以王夫之为代表的『三大家』、近代的黄炎培等一系列著名的人物都在不断地总结这些历史教训，并形成了我们中华民族历史上丰富的反对腐败、提倡节俭的历史文献。古圣先贤的智慧总结不仅对我们今天的中国如何继续反腐倡廉保持勤俭节约具有重要的借鉴价值，而且对于全人类来说也是宝贵的思想财富。

俭节则昌，淫佚则亡。〔1〕

——《墨子·辞过》

│注释│

〔1〕淫佚：淫，过分。佚，放纵。

│译文│

（国家）厉行节俭就会昌盛，骄奢淫逸则会灭亡。

│解析│

节俭是人类不同民族公认的美德，而在中国历史上除了它在道德上的意义之外，还具有更加重要的政治意义：能够决定一个国家的生死存亡。墨子之所以会将它上升到这样的高度，其原因就在于历史上发生的无数深刻教训：夏桀因荒淫奢侈而被商朝推翻，商纣王同样也是因淫佚无度被周王灭掉。儒墨两家都不断地总结这样的历史教训，此外的先秦诸子也都几乎无一例外的普遍持有这样的认同。从《诗经》《尚书》到《左传》《国语》，先秦时代许多典籍记载的大量节俭人物、事迹，与先秦、秦汉之后历朝历代的无数名人的论述与实践，使节俭成为中华民族最突出的道德传统，并一直影响到今天。

在西方则有著名的古罗马帝国的灭亡教训：古代罗马从一个小小的村落演变成为世界著名的帝国，在历史上曾经傲视群雄、不可一世。然而，到了罗马帝国的晚期，由于集权者和元老们贪婪腐败，以及大量兼并土地造成了农民与平民的贫困。最后这个庞然大物式的帝国也在"空前的奢华和浪费"（孟德斯鸠《罗马盛衰论》）中轰然倒塌。

　　面对历史的教训，今天我们重温墨子等古圣先贤的智慧名言，具有特别现实的针对性价值。

天之道，损有余而补不足；〔1〕人之道则不然，损不足以奉有余。〔2〕

——《老子》第七十七章

注释

〔1〕道：本意是指道路，这里引申为规律。

〔2〕奉：供给。

译文

自然的规律是将多余的东西减少来补给不足的部分，而人世间的惯例却是把本来就不足的夺过来供给那些占有的东西本就多余的人使用。

解析

老子主张"人道"必须符合"天道"，所以他时常揭露人世间违反天道的不义行为。天道就是自然的规律：天有一年四季，物有生长规律；而人却往往违背大自然的规律，所以也就带来许多人间的灾祸。古代的统治者不断制定苛刻的法令盘剥老百姓，使得穷人饥寒交迫；贫富不均更使问题加剧。当代人类的灾祸同样是违背自然规律产生的：过度的开发索取破坏了大自然的生态平衡，造成极地冰川的融化，随着气候的失常许多地方不断沙漠化；加之人类对森林的大肆砍伐破坏，热带雨林的脆弱平衡被打破，干旱等灾难日益成为威胁人类生存的祸害；过去人们"日出而作，日入而息"，现在则沉溺于各种"夜生活"，癌症等各种不良生活方式带来的疾

俭约自守　力戒奢华

13

病也不断增加。

　　历史与自然的教训都告诫人类：必须停止违背自然规律的行为，才能够拯救我们赖以生存的地球环境、拯救我们自己和子孙后代。

吾丧我。〔1〕

——《庄子·齐物论》

〔1〕吾：（真）我。我：偏执的小我。

译文

（当一个人领悟了自然之道的时候），过去的小我就被（领悟了大道的）真我所取代。

解析

"我是谁？""我从哪里来？""我要到那里去？"这是哲学上的著名三大问题，但世界上无数的人终其一生都没有认真地思考这些严肃的问题，最后浑浑噩噩地度过了此生。对于整个人类而言，这些问题并不是虚妄的玄学问题：在人类的聪明才智大量用于开发有可能会毁灭人类的"克隆技术"、将巨额的金钱用于制造杀伤性武器的今天，如何回答这些问题，这将决定人类的未来。

对于人类的生活方式而言同样如此。人与万物一样都是自然界的一部分，人类无论多么聪明也必须遵循大自然的规律；遵循上万年积累的生存智慧，继续保持人与自然的和谐相处方式，克服人类的无止境贪欲，我们才能够继续生存在这个星球上。

俭约自守　力戒奢华

食饮有节，起居有常，不妄作劳，[1] 故能形与神俱，[2] 而尽终其天年，度百岁乃去。[3]

——《黄帝内经》

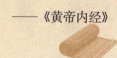

注释

[1] 常：规律。作劳：（过度）操劳。

[2] 形与神俱：身体与精神和谐相处。

[3] 去：离开（人世）。

译文

饮食有节制，起居有规律，不操劳过度，这样就能够身心健康，享受大自然赐予我们的正常寿命，活到百岁才安然离开人世。

解析

伴随当代人类科学技术的进步，医疗技术与药物治疗手段都在不断发展，按照一般的逻辑规律，人类的健康状况理应随之有很大的改善，然而，事实上却是患病的人在不断增加，疾病的种类也是花样翻新。极具讽刺意味的是，有些问题恰恰是人类自己造成的：许多人习惯大吃大喝，尤其是乱吃各种"野味"，更是吃出了许多从未有过的疾病。在这种情况下，重温以《黄帝内经》为代表的中国古代养生智慧，就具有特殊的意义。

其中遵循自然之道的"药食同源"理论，不仅已经得到我们古代先民数千年实践的验证，而且极具现实的针对性。如果我们能够以这种智慧指导我们的生活，那么大量问题都可以得到很好的解决：比如因为人们过度贪欲带来的巨大压力、暴饮暴食等不良生活习惯带来的慢性疾病等医疗手段难以解决的问题，都会大大地减少；在减少资源浪费的同时，我们也都可以健健康康地"终其天年"。

俭约自守　力戒奢华

将欲夺之，必固与之。〔1〕

——《老子》第三十六章

注释

〔1〕固：同"姑"，姑且，暂时。

译文

（上天）将要夺走（某人的一些东西），一定会事先过多地给予他。

解析

老子在本章中所要阐明的一个深刻道理就是：无论一个人还是一个国家，如果贪得无厌、胡作非为，那就一定会自取灭亡。历史上有无数的案例都证明了这一点：从凯撒到希特勒；从亚历山大帝国到奥斯曼帝国，历史上这些不可一世的人物与巨无霸帝国，无一不是在辉煌的顶峰栽下来，最后跌倒在历史的泥潭里。当代的美国也曾经多次陷入自己制造的战争漩涡，尤其是利用编造的借口武力攻占了伊拉克，创造了所谓不可思议的战争奇迹之后，他们本来以为今后可以任意称霸世界，却不想掉进了自己制造的反抗漩涡，并使得国家背上了巨大的经济包袱，其负面的影响至今仍然没有消除。

利令智昏。〔1〕

——《史记·平原君虞卿列传》

注释

〔1〕令：导致。

译文

贪图利益会使人头脑发昏。

解析

司马迁引用这个成语时是这样说的："鄙语云：'利令智昏'。平原君贪冯亭邪说，使赵陷长平兵四十余万众，邯郸几亡。"意思是：民间的俗话说，利益会导致一个人头脑发昏。过去赵国的平原君由于贪图冯亭献城的诡计，结果使得赵国陷入了四十万大军被秦国坑杀的悲剧，邯郸城也差点被攻破。平原君在历史上本来是足智多谋的战国"四君子"之一，但在巨大的利益引诱之下也难免铸成历史的巨大错误。

利令智昏就是说本来在平时一个人凭着常识会对许多事作出正确的判断；但在巨大的利益诱惑面前，就会因贪欲智商降低，以至于作出昏聩的有违常识的错误判断；有时候甚至明明知道是错误的，但就是利欲熏心一条道走到黑，这样做的最终结果就是自讨苦吃、自取灭亡。

罪莫大于可欲。〔1〕

——《老子》第四十六章

注释

〔1〕可欲：可以引发欲望的东西。

译文

罪恶之中没有比能够引起欲望的东西更大了。

解析

在中国历史上有这样一个真实的故事：郑国的共叔段和他的哥哥郑庄公争夺王位，一开始他就在母亲姜氏的支持下不断扩大自己的地盘，不断扩张自己的势力。到了他自以为实力强大之后，便倒行逆施准备夺权。然而，当庄公的军队进攻他时，连他自己封地"京"城的人民也起来反对。最后他只好流窜到国外。

其实，古今中外这样的事例还很多：从个人、企业、家族到一个国家，过分的贪欲往往都是引发祸端的导火线。历史的教训值得当代的人们深思。

金玉满堂，莫之能守。〔1〕

——《老子》第九章

注释

〔1〕莫：没有。

译文

珠宝金玉堆满了屋子，但不行正道就守不住这些财富。

解析

与老子并称为道家代表人物的庄子，曾经在一则寓言中形象地阐发过老子这句名言的含义：楚国的国君要聘请庄子做国相，这在许多人看来是求之不得的美差，但庄子却一口回绝了。他还对楚王派来的使者说：你看见过那些被作为祭祀的牛了吗？这种牛被特殊的食料喂养，在被牵到太庙祭祀之前还给它穿上绫罗绸缎；可是当它被宰杀的时候，却连作一只失去母亲的孤独牛仔也不可能了！

历史上这样的人不仅丢掉了性命，甚至导致了国家的灭亡，唐玄宗就是一个典型的例子：在治政的前期，他吸取武则天之后唐中宗、睿宗的教训，任用贤臣、励精图治，打造了唐代"开元盛世"的历史辉煌。但到了后期，他自以为国势强盛可以高枕无忧了。尤其是在他看到京城府库的数不胜数的钱粮之后，更是认为可以胡作非为、大肆挥霍。最后他由此一手酿成了"安史之乱"的灾祸，自己也只得狼狈地逃离京城，落得丢失王位的凄惨下场。

富贵而骄，自遗其咎。〔1〕

——《老子》第九章

注释

〔1〕咎：灾祸。

译文

富贵却骄横的人，就是自己给自己种下灾祸的种子。

解析

在历史上，法王路易十六由于奢侈专横，而且不听头脑清醒的大臣劝告而一意孤行，最后把自己送上了绞刑架；而英国的王室在危机面前知道适可而止，让渡一部分利益，于是，王室不仅保留至今，还受到英国和世界上不少人的爱戴。

中国香港曾经有一位著名的富豪，死后家人争夺财产闹上法庭，成为一时的丑闻；杜月笙却在临死之前烧掉了手中所有的欠条，避免了后人将要面临的无数纠纷。两相对比，我们会对老子的训诫产生深刻的体会。

然而，在巨大的利益引诱面前，又有多少人能够保持清醒的头脑呢？

五色令人目盲，五音令人耳聋，五味令人口爽。〔1〕驰骋畋猎令人心发狂。

——《老子》第十二章

注释

〔1〕爽：差失。口爽，舌头失去了分辨味道的能力。

译文

五彩缤纷的颜色使人眼花缭乱，复杂纷繁的音乐让人耳朵失灵，花样繁多的食物令人不辨滋味。恣意驰骋的狩猎会把人变得疯狂。

解析

在人类社会的历史发展中，人的适度欲望成为激发人类创造性的巨大动力。然而，如果混淆了动机与目的，也就是说仅仅将逐利作为人生的唯一目标，那就会使人走向歧途。老子认为无休止的追逐财富享乐会使得人们迷失人生的方向，最后的结果往往与人的初衷适得其反。

当代的最大贪腐典型赖小民，贪污和收受贿赂的金额高达17.88亿元！然而最终巨额的赃款不仅没有让他过上想象的豪华生活，反而将他送入了死刑的万劫不复地狱。如果他早知道会是这种下场一定会收手：这是有命贪腐没命花呀！

知足者富。〔1〕

——《老子》第三十三章

注释

〔1〕富：指精神富足。

译文

知道自我满足的人可以说是真正的富人（因为他拥有最宝贵的精神财富）。

解析

人常常会在贪欲面前丧失自我，这样就会不断丧失斗志，原本强大的力量也就自然逐步被削弱，其结果必然是自取灭亡。"堡垒最容易从内部被攻破"，无论是一个人、一个企业还是一个国家，都逃不过这个规律。

人们在总结上述那些教训产生的原因时找了千条万条，但其实最终的原因还是逃不过老子两千多年前得出的规律。其实这个道理聪明人也不是不知道，只是人永不满足的贪欲还是引诱他们不断重蹈覆辙。所以，只有不断提升自我的精神境界，不断克服人的"暴富"贪欲，老老实实按照自然规律办事，我们才能立于不败之地。

甚爱必大费，[1] 多藏必厚亡。[2]

——《老子》第四十四章

注释

〔1〕甚爱：过分地爱惜（名誉）。

〔2〕多藏：丰厚的储藏。

译文

过分地爱惜自己的名声，会带来不必要的消耗，过分丰厚的收藏一定会遭到惨重的失败。

解析

老子这里所谓的"过分地爱惜名誉"，意思就是太计较虚名，所谓"丰厚的收藏"则是指对财富贪得无厌。在历史上被名誉利禄所害的人可以说不计其数，俗话所说的"死要面子活受罪"就是指的这种人。如果仅仅是涉及个人利益的话，那还只是他自身受害，但如果是牵涉国家民众的利益，那受到危害的就不只是个人了。

《红楼梦》里的王熙凤被称"凤辣子"，她上有家中的"太上皇"贾母撑腰，下有能干的亲戚仆从随时奉迎，自己的泼辣干练手段似乎可以搞定任何难题。哪知道"聪明反被聪明误"。尽管凭借她的手段挣下了大把的银钱，但令她始料不及的是，自己的最后结局竟然是草席裹尸，落了个"白茫茫大地真干净"！这个人物虽然只是文学作品的塑造，但艺术来源于生活，只有在社会生活中存在这样的人物，作家才有可能将真实的存在展现在艺术经典之中。

俭约自守　力戒奢华

25

祸莫大于不知足，咎莫大于欲得。〔1〕

——《老子》第四十六章

注释

〔1〕咎：祸害。

译文

最大的灾祸在于不知道满足，最大的过错就是永不满足的欲望。

解析

老子的教诲值得我们每一个人深思：这并不是说物质与金钱就是罪恶，而是说我们应该怎样对待金钱。正确地运用财富不仅没有灾祸，还会给人类带来巨大的利益。瑞典科学家诺贝尔将一生的财产用于设立科学奖励，对人类作出了巨大的贡献；中国香港企业家田家炳散尽金钱捐给内地的许多大中学校；等等。

相反的是：希特勒从一个流浪汉爬上了"第三帝国"的最高宝座，通过"闪电战"侵略了欧洲和北非的大片土地。可是当他沉醉在成为世界上唯一霸主的幻梦时，却正是这位狂妄的"民族救世主"走向灭亡的开始。和墨索里尼一样：他们的过去曾经有多么"辉煌"，结果也就同样有多么惊人的凄惨。"雷曼公司"的所谓投资项目不仅导致自己这个100多年历史的公司破产，还引发了巨大的金融危机。

社会上对具有大爱精神的人士和诺贝尔这种用全部财富贡献社

会的伟人都给予了高度的评价。这就是对待财富的不同态度所得到的不同结果。

俭，德之共也，〔1〕侈，恶之大也。〔2〕

——《左传·庄公二十四年》

注释

〔1〕共：一起。

〔2〕侈：奢侈。

译文

节俭往往伴随着美德，而奢侈却常常带来罪恶。

解析

在中国历史上，由于夏商周的改朝换代都与国君的奢侈腐败、独断专横有密切关系，加之自古以来的农耕社会所养成的节俭美德，所以节俭伴随美德、奢侈养成罪恶就成为中华民族的全民共识与优良传统代代相传。

从现实的大量案例中我们也可以明显看出：贪与腐往往是伴随在一起的。2021年"五一"通报的一个消息就是这样的典型：海南省委原常委、原三亚市委书记童道驰曾经拥有无数的光环，本科北京大学经管专业，硕士加拿大公共管理专业，博士更牛——就读的是大名鼎鼎的兰德公司；他从基层的研究员一直上升到中国证监会上市公司监管部主任，证监会国际合作部主任，海南省委常委、三亚市市委书记。未来他本来还有上升空间，但无止境的贪欲不仅葬送了自己的大好前程，而且给国家带来重大损失。

无数的案例都证明了"俭，德之共也；侈，恶之大也"这个颠扑不破的真理，也为我们留下了深刻的警醒。可悲的是：无论有多少古今中外的教训，但贪婪腐败分子依然"前赴后继"地走向同样的道路，真是"后人复哀后人"啊！

俭约自守　力戒奢华

富贵至则衣食美，衣食美则骄心生，〔1〕骄心生则行邪僻而动弃理。〔2〕

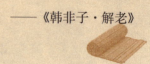

——《韩非子·解老》

注释

〔1〕生：产生。

〔2〕邪僻：胡作非为。

译文

人如果富贵了就会喜欢享受美食与华丽的服饰，习惯美食华服之后则容易产生骄傲的心理，有了这种心理就很容易在社会上胡作非为。

解析

宋代著名的文学家黄庭坚曾经写过一封书信给自己远方的儿子，主要内容就是告诫他要时刻警惕不被奢华攀比的心理诱惑而走向邪路。他还在书中以自己亲身经历的事情告诉他说：我曾经看到那些继承祖父几代积累的高官富豪，他们的后代居然很快就败光了祖上辛苦积累起来的家财，后人却相互争夺财富，落得了倾家荡产的下场。

他在家书中写道：一个家庭不能齐心协力，最终导致像这样严重的后果，这是我们家族的前车之鉴啊！

历览前贤国与家，〔1〕成由勤俭破由奢。〔2〕

——李商隐《咏史》

注释

〔1〕历览：逐一浏览。

〔2〕由：缘由。

译文

逐一阅读过去的历史记载可以看出，历朝历代帝王和各种大家族无一不是因为勤俭而兴盛，由于奢侈腐败而失败。

解析

在中国古代诗人中，李商隐是以爱情诗歌而出名的，但他对历史成败的总结也发人深思、令人警醒。这一首诗也正因为如此而历来受到传诵。人们在吟诵李商隐诗歌的时候也不能不感慨其中的历史教训。

国家的兴衰我们已经说了不少，现在我们来看看一些著名家族的故事：堪称美国第一家族的亚当斯家族，其第一代亨利·亚当斯，本是一个农民，后来做麦芽制造而勤俭发家。之后他带着妻子和自己的 9 个孩子来到美国继续创业，正是他的一个儿子约瑟夫·亚当斯生下了后来的开国元勋——美国《独立宣言》签字者之一的约翰·亚当斯。再后来约翰·亚当斯和他的儿子约翰·昆西·亚当斯成为美国的第二届和第六届总统。直到今天，亚当斯家族当年居住的小木屋仍然是美国人民无比崇敬的圣地。

利，百物之所生也，天地之所载也，〔1〕而或专之，〔2〕其害多矣。

——《国语·周语上》

注释

〔1〕载：养育。

〔2〕专：独占。

译文

利是由万物中产生出来的，是由天地所养育而成的，假如要独占它，所带来的怨恨会很多。

解析

古今中外历史上，因奢侈腐败而破败的例子也是层出不穷，这里我们只要看一看清代曾经不可一世的盛宣怀家族就会深有体会：盛宣怀的祖父盛隆曾官至海宁知州，父亲盛康更是位至布政使，他本人超越祖父辈，成为"从一品"的大员。当年盛宣怀也是一个具有奋斗精神的青年：在李鸿章手下的时候，他曾骑马驰骋几百里"公干"而毫无怨言。等到后来他做了"邮传尚书"，尤其是从事"洋务"之后，家族的财产滚雪球似的增长。然而无论他有多么能干，家族财产也禁不住自己子孙的折腾。他的儿孙们不仅大肆挥霍家产，还不断上演兄妹之间在法庭上争夺财产的闹剧。尽管如此，在他孙子九岁的时候依然可以分到 12 万两白银的财产。可是"坐吃山空"，再多的家产也经不起子孙的挥霍，无数的财富在他们花钱如流水之中不断耗尽。最后，竟然落到了老大付不起医药费、老七变卖自己老爹书信的悲惨地步。

如果当初盛宣怀知道是这个结果，他还会给后人留下那么多的金钱吗？

奢者狼藉俭者安，〔1〕一凶一吉在眼前。〔2〕

——白居易《草茫茫》

注释

〔1〕狼藉："声名狼藉"的缩写。

〔2〕眼前：意思是"马上"，形容变化很迅速。

译文

凡是奢侈腐败的（朝廷或家族）都很容易因丧失获得的权力、财富而声名狼藉；但坚持节俭原则的，则常常会获得吉祥平安。（秦和汉两个王朝）一个凶险一个吉祥对比鲜明，就像刚刚发生在眼前的事情一样。

解析

白居易的这个名句出自他的诗歌《草茫茫》，描写的是他站在秦始皇骊山大墓面前的感慨：我看到眼前的巍峨无比的秦皇墓，就想到那位曾经是天下最有权势的人，死后将帝国的金玉珠宝堆放在墓里面，还用水银为江河来拱卫自己的坟墓，希望自己永远能享受荣华富贵。结果造反的烽火一燃烧，曾经不可一世的帝国就灰飞烟灭。而旁边的汉文帝的坟墓则告诉后人：节俭才是汉代"文景之治"的根本原因。历史的规律就是这样：只有坚持节俭的原则，国家才能长治久安，反之奢侈腐败的帝国则很容易走向反面。

白居易总结的这个历史教训告诫我们：一个国家的根本力量在

于民心而不是权力；只有牢记"水可载舟，亦可覆舟"的教训，厉行节俭，以民为本，才能够获得民心，保持国家的长治久安。这个道理今天依然同样的重要。

贫家而学富家之衣食多用，〔1〕则速亡必矣。

——《墨子·贵义》

| 注释 |

〔1〕衣食多用：奢侈的饮食和服饰。

| 译文 |

家庭贫穷的人却羡慕和模仿富家的饮食与衣饰，那么这样的家庭一定会很快的败落。

| 解析 |

墨子看见弱小国家卫国的贵族公良桓子家中妇女数百人都穿着锦绣的衣服，数百辆车子也装饰豪华，马匹吃的也都是精细的粮食。就对他说：一个小国，夹在大国之间本来就很危险。现在你却去模仿那些大国的排场，看来卫国的灭亡一定会很快啊！

的确，我们看春秋战国时代的很多小国，就是这样很快的走向了灭亡。而"滕小国"这样的国家却由于国君体恤百姓，实行仁义，不仅存活的时间很长，还在历史上也留下了很好的美名。古今中外这样的例子都可以给我们提供深刻的教训。

不幸的是，今天许多人仍然没有吸取这样的教训：不仅有小国的统治者骄奢淫逸、专横跋扈而灭亡，还有赖昌星这样的走私大鳄，在迅速聚敛财富之后恣意骄横、糜烂享乐，最后都落得个悲惨的下场。至于本来就是打工一族却靠透支借贷购买名牌奢侈品，甚至有大学生靠"裸贷"去高消费，最终的结果不仅自己身败名裂，而且给家庭带来祸害。这样的例子就更多了。真是不可不慎啊！

骄奢淫逸，所自邪也。〔1〕

——《左传·隐公三年》

注释

〔1〕自邪：走向邪路的开始。

解析

《左传》的这句名言来源于一个著名的历史故事：卫国的公子州吁是卫庄公宠妾的儿子，由于他得到庄公的宠爱，因此非常骄横霸道，但庄公也不加禁止。大臣石碏规劝庄公说："我听说喜欢自己的儿子，应当以道义去教育他，不要使他走上邪路。骄傲、奢侈、放荡、逸乐，这是走上邪路的开始。这四种恶习之所以发生，是由于宠爱和赐予太过分了。"但庄公听不进去，公子也我行我素。

后来骄横的州吁竟然杀掉了继位的国君而自立为卫国的国君。然而，他的倒行逆施不仅引起国内的不满和混乱，也使得邻国有了攻击卫国的借口。最终州吁终于被自己国家的人杀掉。

暴殄天物。〔1〕

——《尚书·武成》

注释

〔1〕殄：灭绝，毁坏。

译文

（商纣王）残暴的灭绝自然界的一切生物（和人类）。

解析

在《史记》的《殷本纪》中曾经记载，商朝的建立是由于夏桀暴虐无道才被商代消灭。然而到了商朝末期，商纣王同样走上了夏桀的老路，他依然以暴殄天物的倒行逆施自己给自己挖掘了坟墓。于是，从《史记》到《资治通鉴》无不将他作为亡国之君的典型。

纵观历史，凡是不顾民生、奢侈腐败的帝王，最终都落得个同样悲惨的下场。其中对比鲜明的就是"安史之乱"：无论是"开元盛世"，还是唐王朝的帝王逃离京城，其实都是同一个皇帝在执掌政权。根本的区别就是：前期唐玄宗能够体恤民情、察言纳谏，国家才能够达到经济繁荣的鼎盛。可是在大好形势面前，得意忘形的玄宗却自我膨胀、暴殄天物。其结果就是将自己送上了逃亡失位的末路。

俗话说"天作孽，犹可活；自作孽，不可活"，历史的教训不能不令人深思。

张官列位，〔1〕为膏粱子弟乎，〔2〕为致治乎？〔3〕

——《资治通鉴》

注释

〔1〕张、列：都是"设置"的意思。

〔2〕膏粱：肥肉和细粮，泛指精美的食物。

〔3〕致治：用来治理国家。

译文

设立爵位职官，是为了那些富贵人家的子弟呢？还是为了治理国家呢？

解析

司马光的这个话是评价古代那些纨绔子弟发出的疑问。联系上文作者的意思是说：自从远古以来，王朝设立职官爵位，是为了那些只知道享受的膏粱子弟呢？还是为了能够治理国家呢？

中国古代俗语有"豪门多败子"，说的也是同样的道理。古今有两个故事很能说明其中的哲理。

一个是汉代著名赋家枚乘写的《七发》中的故事：一位"吴客"去探望生病的太子，对他说道，贵族官宦人家的弟子，吃的是山珍海味，穿的是绫罗绸缎，还有许多美女服侍，看起来非常享受。殊不知精美食物会变成要命的毒药，美姬侍妾能够成为致命的斧头。然而，膏粱子弟们平时却很少想到这些道理。

还有一个是近代的故事：国民党元老吴稚晖在创办"海外补习

学校"的时候，曾经教过蒋经国和孙中山的两个孙子。一次他要求学生用毛笔写作文，孙中山的孙子不干，还傲慢地说：写文章是秘书干的事情。老师大发雷霆，让他们把《乌衣巷》这首诗写出来：

"朱雀桥边野草花，乌衣巷口夕阳斜。旧时王谢堂前燕，飞来平常百姓家。"

写完命令学生抄写，还必须回家和父母一起看。此后，他大为感慨地说：我吴稚晖活了七八十岁，还没有用过秘书，这些娃娃好大的口气啊！官宦缙绅之家的子弟，如果不严加管教，是很危险的！

习闲成懒，〔1〕习懒成病。〔2〕

——汪汲《座右铭续编》

注释

〔1〕习：积习。

〔2〕病：严重的疾病，这里指恶习。

译文

闲散的恶习积累久了，就会形成懒惰的习惯；懒惰的习惯积累久了之后，就会恶习难改。

解析

有一句成语是"千里之穴，溃于蚁穴"，还有一句是"万丈高楼，焚于星火"，说的都是要防微杜渐的道理。

任何事情都是在最初的阶段容易解决，一个人身上最开始可能只是一些小毛病，但恶习积累久了之后，要想改正就非常困难了。

商纣王在继位的初期并不是一个暴君，反而是一位有勇有谋的王者。当时谁也没有料到在他的手上会将商朝的基业弄垮。但有先见之明的大臣箕子却发现了变化的端倪。一次纣王命人做了一双象牙筷子，他的叔父箕子看了大为惊恐。朝中大臣都认为箕子是小题大做，但箕子却说：不是我的担忧太过分了，而是有了象牙筷子那就要配犀角金碗，吃的食物也一定会是熊掌珍稀之物。这个时候绫罗绸缎、高台厚榭也就成了必需品。这样的国君只顾奢侈享受，还能够治理好国家吗？

后来事情的发展果然正如箕子所预言的那样：纣王不断地沉溺于腐化享乐的生活之中，而且听不进任何不同的意见。最后竟然演变出"酒池肉林"（酒多得像水池，肉挂起来像树林），600年基业的商朝也因为不得人心，最后在周武王联军的进攻之下自取灭亡。历史的变化为后世留下了深刻的教训。

富贵者奢侈，孤寡者冻馁，〔1〕虽欲无乱，不可得也。〔2〕

——《墨子·辞过》

注释

〔1〕冻馁：挨冻受饿。

〔2〕不可得：不可能。

译文

如果一个国家老百姓忍饥挨饿，而富贵的人却奢侈享乐，那么这样的国家是不可能不大乱的。

解析

墨子总结历史的经验教训，将奢侈腐败的问题与国家存亡的重要关系结合思考，作出了这个著名的论断。墨子的这个结论不仅被古今中外的历史事实所证明，而且在我们今天依然具有十分重要的意义。

经过了半个多世纪的奋斗之后，我们的国内生产总值已经达到世界第二的地位，这个成就的取得的确是值得我们中华民族自豪的。然而，作为一个世界人口大国，我们的人均收入水平在国际上还是排名靠后的，发展不平衡不充分的问题仍然突出。同时，我们的发展经济的"能耗"同样位居前列。此外，贪腐的问题不仅依然存在，而且贪官"前赴后继"的现象特别值得注意。所以墨子提出的道理仍然值得我们重视。

天地百物，皆将取焉，〔1〕胡可专也？〔2〕所怒甚多。〔3〕

——《国语·周语上》

注释

〔1〕皆将取：都想占用。

〔2〕胡：怎么。

译文

天地万物，人人都要取用，怎么可以独占呢？触怒的人太多而不防备就有大难。

解析

贪腐引发社会的严重问题古今中外历史上都不少，所以我们国家十分注意及时防范。

从新中国成立以来，国家领导人就十分注意贪污浪费的问题，"刘青山、张子善案件"也曾经在国内外引起轰动；党的十八大以来，史无前例的反腐力度也在国内外引起巨大的震动。但从不断出现的"打虎"案例来看，我们的制度反腐等工作还必须常抓不懈。一方面反腐的局面依然严峻，另一方面我们也要看到，由于中华民族具有悠久的反腐倡廉传统，所以这个工作的群众基础是非常雄厚的。今天我们从国家长治久安的高度来重温墨子曾经思考过的这个重大问题，仍然具有十分重要的现实针对性。

俭约自守　力戒奢华

传曰：〔1〕"君子役物，〔2〕小人役于物。"〔3〕

——《荀子·修身》

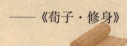

注释

〔1〕传：这里指古书。

〔2〕役物：役使外物。

〔3〕役于物：被外物所役使。

译文

古书上说："有德行的君子能够役使外物而不被物欲所驱使；而一般的小民则往往被外物所控制。"

解析

"心底无私天地宽"这句话人人都能够说，但是当一个人真正面对外来的物欲诱惑的时候，却很难用意志去抵御。

当刘邦攻下咸阳的时候，看见秦始皇富丽堂皇的宫殿就不想走，准备住在宫中。他的谋臣张良对他说："大王，你想过没有：正是秦二世贪图享乐、不施仁政，你才有可能走到这里。现在刚刚打下咸阳，你就想住在这里，难道你要步亡秦的后尘吗？"一席话说得刘邦直冒冷汗，赶快打消念头回到霸上。这样才避免了历史上许多起义军的悲剧。

一个人的选择与诱惑的大小并没有太大的关系，关键的问题还是能否拥有不被外物所役使的坚强意志。对于国家治理来说法律固然重要，但对于个人而言，能否抵御物欲的引诱是决定他人生道路的关键。我们一些政府的公务员之所以会屡屡违反制度犯下错误（所谓"前赴后继"），并不是不知道政府有各种规定，而是在"财""色"等诱惑的面前丧失了立场。

　　所以如何防止被物欲所驱使，是一个十分重大的问题。

要实行勤俭二字。……不可多讲铺张。后辈诸儿，须走路，不可坐轿骑马。诸女莫太懒，宜学烧茶煮饭。书、蔬、鱼、猪，〔1〕一家之生气；〔2〕少睡多做，一人之生气。

——《曾国藩家书》

注释

〔1〕书蔬：读书、种菜。

〔2〕生气：一家的兴旺之气。

译文

要将勤俭两个字落到实处，而不应该铺张浪费。曾家的后辈儿孙要自己走路，不要动不动就坐轿骑马。家里的女儿也不能懒惰，必须学会烧茶做饭。我们曾家的人不仅要勤读书，还要自己会种菜、养鱼、喂猪，这样家中才能保持活力。少贪睡多做事，就可以保证一家人的兴旺之气。

解析

曾国藩曾经位极人臣之极，在同样的大臣中，许多人都官爵不保，甚至家破人亡。曾国藩之所以能够全身而退，甚至让自己的家族至今仍然兴旺发达、人才辈出。其中的原因除了他善于急流勇退之外，还有一个关键因素就是将节俭作为家族的重要家训。

但在当今社会中，由于物质财富的不断增加，不仅许多富裕家庭中的子女从小就养成了懒惰娇惯的毛病，甚至连一些工薪家庭的孩子也都不愿吃苦而贪图享受。在这种情况下，我们的一些新闻媒体尤其是大量的自媒体却喜欢播放一些炫富的节目，对社会上的不良风气起到了推波助澜的作用。

在中国的家长中，不少人对于子女不仅寄予过高的希望，而且尤其是很多过去吃过苦的家长，他们误以为只要尽自己的全力满足孩子的愿望，就能够使他们过得幸福。殊不知一味地娇惯反而培养了他们的"娇骄二气"，其结果就是适得其反，最终害了他们。

勤者，生动之气，〔1〕俭者，收敛之气。〔2〕

——《曾国藩家书》

注释

〔1〕生动：生气蓬勃、家庭兴旺。

〔2〕收敛：保持警惕。

译文

勤于做事，人才能保持动力。勤劳节俭则能够让人精力旺盛而谨慎做人。

解析

曾国藩是清朝的人，但他的后人依然人才辈出；反观清朝的"八旗子弟"却在英勇善战之后骄横跋扈几百年，最后却成为只知道遛鸟"抽炮（大烟）"的不堪一击的纨绔子弟。

抚今追昔，在两种对比面前我们更应该深思：如何继承和发扬我们中华民族的节俭传统，它不仅关系到一个人的成长道路与发展前景，更关系到我们民族的未来，万万不可掉以轻心。习近平总书记说："不论我们的国家发展到什么水平，不论人民生活改善到什么地步，艰苦奋斗、勤俭节约的思想永远不能丢。艰苦奋斗、勤俭节约，不仅是我们一路走来、发展壮大的重要保证，也是我们继往开来、再创辉煌的重要保证。"

德行广大而守以恭者〔1〕，荣；〔2〕土地博裕而守以俭者，〔3〕安。

——刘向《说苑·敬慎》

注释

〔1〕以恭：用恭敬的态度（去守卫国土）。

〔2〕荣：能够得到名声和荣誉。

〔3〕博裕：（土地）广大而富裕。

译文

（国君）德行深厚而又能够以恭敬的态度去守卫国土，那么他就会得到名声和荣誉；国家的土地广大而富裕，而守卫者又能够用节俭治国的方法来治理，这样的国家自然会平安无事。

解析

有一位历史人物的事迹是对《说苑》这段话的最好诠释：在中国历史上，辅佐周武王建立周朝的周公是一位著名的开国功臣，而且在节俭美德的提倡方面对后世产生了重要的影响。周公作为周朝最大的开国元勋，在战胜商朝之后自然得到了很优厚的封赏。但由于他还要继续辅佐继位的年幼国君，因此他自己没有到他的封地鲁国，而是派他的大儿子伯禽代替他去管理国家。伯禽临走的时候周公不放心，便给他留下了一封信，这就是历史上最著名的书信之一：《周公诫伯禽书》。

当伯禽去到鲁国的时候，严格按照父亲的教诲治理鲁国，使鲁国成为当时诸侯各国的榜样。加之周成王送他许多典册文物、宝器仪仗，所以鲁国以保存"周礼"最多而受到各个封国的礼敬。

后来商纣王投降之子武庚与管叔、蔡叔"三监"叛乱，伯禽亲自领兵平叛，还作了《费誓》激励平叛的军队，而且要求他们善待百姓，严明军纪。在全体将士努力奋战后，最终平定了"三监之乱"。

周公的故事雄辩地证明了"恭敬""节俭"对于一个国家是多么重要的品格。

君子之行，静以修身，〔1〕俭以养德。非澹泊无以明志，〔2〕非宁静无以致远。

——诸葛亮《诫子书》

注释

〔1〕静：内心宁静。

〔2〕澹泊：对名利看得很淡。

译文

君子行事的原则是：恪守内心宁静、修养道德，用节俭的方式来培养美德。如果没有内心的宁静就不会显示高洁的志向，不能淡泊名利，则无法完成丰功伟业。

解析

诸葛亮在历史上之所以有巨大的名声，除了他的忠诚和所谓的"神机妙算"智慧之外，还因为他能够澹泊名利。正因为如此，他才会受到从帝王将相到平民百姓的一致爱戴。从三国时期一直到今天，他的高洁品格长久被人传颂和学习。

其实，从"事功"上看他并没有实现一统天下的宏愿，但在古代中国人看来，"德""言""功"三者中，最高的是"德"，所以叫"太上立德"（最高境界的立德）。诸葛亮没有完成北伐统一中国的意愿，但从"躬耕"隆中开始一直到"鞠躬尽瘁，死而后已"，终身都保持了淡泊名利、节俭自好的美德。

在《三国志》诸葛亮的传记中，作者就明确的指出了他其实并不善于作战，他的"神机妙算"实际上更多的是文学作品中的夸张。但作为老百姓来说，长期以来由于戏文小说的熏陶，固有的印象已经不可改变了。

而对于我们的节俭美德传统而言，我们还是必须承认诸葛亮的历史地位：在许多历史上的著名人物身上都可以明显地看到这种影响；而且过去的许多名人常常将他的这个名言作为自己家族的家训。

"澹泊明志""宁静致远"对于当今时代的人抵御物欲的诱惑、坚持高洁的志向，依然是具有深刻启示的。

我文王之子，武王之弟，成王之叔父，我于天下亦不贱矣。〔1〕然我一沐三捉发，〔2〕一饭三吐哺，〔3〕起以待士，犹恐失天下之贤人。

——《史记·鲁周公世家》

注释

〔1〕贱：被轻视。

〔2〕捉发：用手握住散乱的头发。

〔3〕吐哺：吐出吃进嘴里的东西，形容工作紧张，吃饭的时候都要接待客人贤士。

译文

我是文王的儿子、武王的弟弟、成王的叔父，我在天下也不算卑贱。然而我洗头的时候都要多次握住散乱的头发吃一餐饭多次被打断，去接待天下的贤人。就是这样，我还担心（因为礼仪不周）而失去天下的贤人。

解析

中国历史上的礼仪文化在周朝得以奠定，其中被历代公认作出了巨大贡献的人物就是周公。他不仅因为政治上的远见与文化上的贡献受人称道，他的节俭勤勉同样也历代为人传诵。可以说在节俭传统文化中，他是一个标志性的人物。

而周公所作的《无逸》篇也为后世的历史一再证实：汉代的文帝、景帝以黄老"无为而治"的老庄思想开创了"文景之治"；而从汉武帝后期开始直到东汉后期的帝王违背祖训享乐腐败，最后被魏国取代；……这样的例子可以一直排到蒋家王朝的覆灭——除了政治上的因素之外，以"四大家族"为首的贪污腐败是引发内外强烈不满和坚决反对而导致政权垮台的重要原因。

　　而对于企业或家庭而言，这样的事例就更多了。其实"富不过三代"并不是铁一般的规律，在不少长盛不衰的企业——德国等欧洲国家有几百年延续的家庭企业，日本甚至有上千年的家族企业，与家族——孔颜曾孟以及范仲淹、秦观等著名家族、近代的曾国藩家族、梁启超家族——中，一个最普遍的规律就是他们的家族都代代保持了节俭的家风。

一粥一饭，当思来处不易；半丝半缕，[1]恒念物力维艰。[2]

——朱柏庐《朱子治家格言》

注释

〔1〕丝：蚕丝；缕：线。《说文解字》："凡蚕者为丝，麻者为缕。"

〔2〕恒：常。

译文

一碗饭、一盆粥，都要想到来之不易；一根丝一根线，要把它做成衣服是多么的不容易。

解析

对于经历了艰苦岁月的中老年人、尤其是亲自耕田劳作过的人来说，看到这样的语句就会瞿然警醒，但对于现在的许多"90后""00后"而言，恐怕大多没有什么感觉：不要说亲自参与，他们甚至连稻麦是怎么从种子到结实这个过程都没有看见过，更没有见到过一根一根的丝线和棉线是如何织成绸缎和布匹的，他们即使天天念这些语句，也很难产生真实的感受。

针对目前的教育弊端，我们不仅应该学习德国等国家大力发展中等专业学校的做法，而且应该在待遇、职称以及社会舆论上大力宣传劳动与劳动者的光荣——而不是像目前许多媒体只知吹捧歌星影星。只有从全方位入手，从小培养孩子的劳动节俭习惯，才能够真正传承我们优秀的传统美德。

俭约自守　力戒奢华

为人父母，为业至长久，〔1〕子孙骄奢忘之，以亡其家，为人子可不慎乎！〔2〕

——《史记·鲁周公世家》

注释

〔1〕为业：创业。

〔2〕人子：后辈（子孙）。

译文

祖父辈创业的时候经历了长期的艰苦岁月才成功，但子孙们却往往会由于不思进取骄奢淫逸而导致家业衰败。作后辈的不可不小心谨慎啊！

解析

由于传统文化的影响，我们的父母对子女往往包办过多：小的时候要尽量照顾小孩成长和学习，长大了担忧他们的工作和家庭，成家之后还要照顾孙子……这样做造成了两种不同的结果：好的一方面是让他们具有良好的生长环境，但另一方面也容易养成后辈依赖和懒惰的毛病：从小时候经济上的攀比到长大后的"啃老族"现象，都是这种不良后果的表现。父母看起来是为了下一代好，但实际上却往往害了他们。

比如，在大中小学里我们都可以看到学生之间的攀比现象，媒体也报道了不少因为经济上攀比出现的不正之风，更有甚者酿成恶劣事件：某个学校的高中生看到同学的舅舅从香港带回来的名牌西装，就天天缠着父母要买。他的爸妈苦口婆心地给他述说家中的困难，哪知道他不仅不理解父母的苦心，甚至在一个漆黑的夜晚向父母举起了屠刀！这虽然只是一个极端的案例，但仍然值得我们深思。如何培养我们的下一代继续保持勤俭节约的优良传统，是我们的学校和家庭值得认真考虑并需要通过行之有效的方法加以解决的大问题。

勤俭先贫后富，懒惰先富后贫……粗茶淡饭长久，衣衫洁净装身。〔1〕

—— 《传家宝》

注释

〔1〕装身：穿在身上（同样给人很好的印象）。

译文

一个家庭如果保持勤俭的习惯，那么就会由穷变富，反之懒惰奢侈的家庭，富了也会转穷。……所以一定要让子孙保持勤俭节约的好习惯：粗茶淡饭能够持家长久，衣服洁净而不奢华才能养成艰苦朴素的家风。

解析

在当今社会，发生了许多令人瞠目结舌的事情，尤其是在"富二代"子弟身上更是层出不穷。真是"可怜天下父母心"！家族企业还指望下一代接替老爹掌管庞大的家族商业帝国，可是不知这种败家的儿子能将父辈创下的家业搞成什么样子，想起来真是要为他们捏一把汗！

父亲靠着勤俭"先贫后富"，可是照这样看来，儿子会不会使他们的家族"先富后贫"，现在虽然还没有定论，但是想想《红楼梦》中的"飞鸟自投林""好一似白茫茫大地真干净！"自然也会令人想到"后人复哀之"的古训。

强本而节用，〔1〕则天不能贫。〔2〕

—— 《荀子·天论》

注释

〔1〕本：指农业。

〔2〕贫：使人贫穷。

译文

一个国家重视农业的同时又注意节俭，那么，就是老天爷也不能使它贫穷。

解析

作为一个自古以来就是农业大国的中国，古代各个朝代历来都视农业为立国之本，特别是奠定中华礼仪文明基础的周朝，从公刘等开拓者开始就是依靠发展农业生产才发展起来的。我们从《诗经》的《公刘》《良耜》等诸多篇章中都可以看到农业对于周代的重要作用。

不仅仅是治国之君，生活在这种社会的思想家、哲学家几乎无一不是将农业看作是决定一个国家繁荣兴盛和人民安宁幸福的决定性因素。荀子的论述就是直接继承了这种源远流长的思想传统。他不仅重视农业生产，而且将农耕社会产生的节俭思想提高到国家兴亡的高度。

俭约自守　力戒奢华

节用裕民，而善藏其余；〔1〕节用以礼，裕民以政。〔2〕

——《荀子·富国》

注释

〔1〕其余：剩余的粮食。

〔2〕裕民：富裕百姓。

译文

国家有充足的粮食，同时又注意节俭，老百姓生活就会富裕。这样在平时就将粮食储藏起来了。将节俭作为人伦礼仪加以提倡，国家就可以得到很好的治理。

解析

荀子不仅注意发展生产，同时也十分强调注重节约，并认为这个问题是关系到国家存亡的大问题。

如果违背了这个根本，那么国家就会有危险。所以他特别批评当时横征暴敛的国家，认为这是一种亡国之道："重田野之赋，以夺之食；苛关市之税，以难其事，……百姓晓然皆知其污漫暴乱。"意思就是说：如果统治者加重农业的税收，会夺走百姓口中的食物；将市场上的税收定得很重，以此刁难民众，……这样老百姓没有活路，只能够行事混乱甚至暴动造反。荀子的这个话可以说就是几千年"官逼民反"的总结和预言。

古今中外历史的教训告诫我们：农业是立国之本，节俭关系国家兴亡，这是颠扑不破的真理。

豪华尽出成功后，〔1〕逸乐安知与祸双。〔2〕

——王安石《金陵怀古》

注释

〔1〕豪华：奢华的生活。

〔2〕与祸双：与灾祸同时到来。

译文

奢华的生活往往都是经过了艰苦奋斗的成功之后才有的，但又有多少人知道安逸享乐会和灾祸同时发生呢？

解析

王安石作为一代名臣，联系宋代社会的政治危机，对于历史上的兴亡变迁有非常深刻的认识，这首诗就是他在"虎踞龙蟠"的形盛之地金陵发出的王朝兴亡的感慨。联系全诗的意思，作者的意思是说：纵观在金陵建都的各个朝代的历史，那些伟大的开创者无一不是经历了无数艰辛，才打下了传之后世的王业。然而，他们的子孙后代却往往因为骄奢淫逸而失去了先辈开创基业的雄心壮志，最后只得将这大好河山拱手相让，自己也落得凄惨的下场。他们哪里知道奢华的生活往往都是经过了艰苦奋斗的成功之后才有的，而安逸享乐又往往会和灾祸同时发生呢？

对于王安石这个人历史功过的评价，尽管历来都有不少争议，但他在这首诗里面提出的"俭节则昌、淫佚则亡"的观点不仅被无数事实所证明，而且对我们今天依然具有深刻的启示意义。

俭约自守　力戒奢华

节用于内，而树德于外。〔1〕

—— 《左传·昭公十九年》

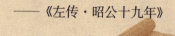

注释

〔1〕内、外：指国内和国外。

译文

（治理国家）要对内讲究节俭，对外树立有德的形象。

解析

　　这句名言出自楚国的贤臣沈尹戌之口，其背景则是楚国与晋国、郑国等国家发生纠葛冲突。结合多年之后楚国最后灭于秦的事实，我们可以看出：作为战国时期版图最大的国家，楚国的势力是不容小觑的，当时甚至有人预言它可以统一中国。然而最终楚国之所以覆灭，其根本的原因还是没有听从屈原等贤臣的正确建议，造成了无止境的内忧外患，最终导致了灭国。

　　历史的教训值得我们深思：古今中外的教训都提醒我们最大的危机不在外敌而在自己内部；而内部的危机则在于不顾民意、奢侈腐败。从前雄踞西方的罗马帝国曾经在很长时间内不可一世，但对外穷兵黩武、内部奢侈腐败的结果导致了它的覆灭；曾经是超级大国的前苏联的解体引起人们的不解，其实回过头来看它的命运最终还是内部原因造成的。

　　在今天，"节用于内，而树德于外"这些行之有效的施政方针，仍然是保证我们立于不败之地的重要参考。

常将有日思无日，〔1〕莫把无时当有时。〔2〕

——《增广贤文》

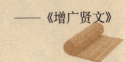

注释

〔1〕有日：富有、有钱的时候。

〔2〕无时：穷困之时。

译文

当一个人富有的时候，要常常想到贫穷的时候，到了贫困之时就不要还想过大手大脚的日子。

解析

由于人性的弱点，一般的人在有钱的时候就容易大手大脚，可是等到手头吃紧的时候则往往陷入了入不敷出的境地；而有的人哪怕没有钱也要"装大款"，殊不知"死要面子活受罪"，自己给自己上套之后弄得狼狈不堪。在当下有不少年轻人依靠几张"信用卡"不断拆借、陷入不断欠债的窘境。这些都是不懂得节俭带来的负面影响。更为有甚的是：为了满足自己的私欲和面子，极少数人竟然铤而走险，最终害人害己，悔恨无穷。

所以节俭的问题绝不是小事，它不仅关乎自己的一生和家庭的幸福，甚至关系到一个国家的存亡。不仅中国的古人常常这样提醒我们，国外的圣贤之人同样也是这样说的。比如法国画家安格尔就有一段名言：奢侈会破坏人们的心灵纯洁，因为不幸的是，你获得越多就越是贪婪，而且确实感到不能满足自己。

俭约自守 力戒奢华

不患寡而患不均，不患贫而患不安。〔1〕

——《论语·季氏》

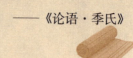

注释

〔1〕不安：社会不安定。

译文

不用担心财富的多少，而要注意财富分配的均匀，不应该担心贫困，而应该担心局势不稳定。

解析

有学者认为，原文中的"均"与"安"应该前后互换，即："不患富而患不安，不患贫而患不均。"

意思则成为：不要担忧贫富的问题，而要注意社会的安定，不应担心财富太少，而要担心财富分配不均。应该说这样改更合乎语言逻辑。但无论《论语》的原文是怎样的，其中心的思想就是要注意贫富不均造成的社会问题。

在过去物质资源还很欠缺的时代，有人认为这样的观点会导致平均主义而不利于刺激社会生产力的发展，但目前的问题是：贪污浪费的现象虽然有所改善，但问题并没有得到完全的解决，还有攀比和炫富的社会风气带来了十分恶劣的影响，腐蚀了我们中华民族节俭的优良传统。特别是对于青少年学生产生了极大的负面影响。

更有甚者，我们的某些老师也公开表现出嫌贫爱富的思想情绪，凡此种种都在社会上产生了极大的负面影响。长此以往，我们中华民族勤俭节约、艰苦朴素的优良传统将荡然无存。这是需要引起我们教育工作者极大关注并切实加以改正的问题。

无欲速，〔1〕无见小利。〔2〕

——《论语·子路》

注释

〔1〕欲速：急于求成。

〔2〕见小利：贪图小利。

译文

不要急于求成，不要贪图小利。

解析

原文的背景是子夏请教孔子怎样治国，孔子给予的回答。这既是孔子自己在社会政治生活中的经验，也是他对历史经验教训的深刻总结。

在中国古代战争史上有一个著名的案例：齐国和晋国两个大国大战，齐国此前战胜了鲁国和卫国，于是领兵的齐国国君非常狂妄，喊出了"余姑灭此而朝食"（我要打败面前的敌人再吃早饭）这句名言，还逞匹夫之勇——连盔甲也不穿就疾驰冲锋，结果当然是吃了大败仗，甚至连这位愚蠢的国王也差点被俘虏。这就是历史上著名的"齐晋鞌之战"。

贪者消其欲。〔1〕

——《淮南子·俶真训》

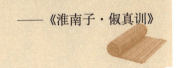

注释

〔1〕消：消除。

译文

贪婪的人要注意消除欲望。

解析

中国古代诗人黄庭坚曾经有两句诗："利欲熏心，随人翕张。"意思就是如果被贪财图利的心态迷住了心窍，就会任人摆布。在反腐斗争中，大量这样的触及刑法的人走向了邪路。

河南省汝州市原市长徐中和就是一个典型的案例：他原来出身于一个普通的家庭，大学毕业之后也曾经在工作上作出了显著的成绩。可是后来却觉得薪水太低，暗示部下自己"寡淡得很"，于是秘书心领神会，想要给领导"分忧"。一个准备承包工程的老板得知消息后给市长送上红包。自此以后他的胃口越来越大，最后的结果就是被行贿者任意摆布犯下大罪，锒铛入狱，结束了自己的大好前程。

欲速则不达，〔1〕见小利则大事不成。

——《论语·子路》

注释

〔1〕不达：达不到目的。

译文

急于求成反而不能很快到达目的地，贪图一时的小利一定会阻碍成就大事。

解析

急于求成、贪图暴富是一般人容易犯的毛病，然而财富的积累就如万物生长一样都需要循序渐进，需要时间的累积。所以老子说"企者不立，跨者不行"，就是说踮起脚尖的人难以久立，跨步太大就走不远。这和成语"拔苗助长"一样，说的都是一个道理。

可是世界上还是有许多贪婪的人，无视古今中外历史上的教训，企图依靠不正当的手段一夜暴富。宋代著名学者司马光曾经告诫儿子说："大凡有德行的人都很节俭。一个明白事理的人如果贪欲过多而渴求富贵，那他就会偏离正道，很快遭来祸患；无知的小人如果有了贪欲就会家庭破财，甚至招来杀身之祸，弄得家破人亡；当官的如果追求享乐就会接受贿赂，最后身败名裂。所以奢侈是一种最大的罪恶。"

这个道理今天依然值得人们深思。

不念居安思危，〔1〕戒奢以俭，〔2〕……斯亦伐根而求木茂，〔3〕塞源而欲流长也。

——魏徵《谏太宗十思疏》

注释

〔1〕念：思考。

〔2〕以：用。

〔3〕斯：这。茂：树木茂盛。

译文

如果不在安全的环境中想到会有危险存在，同时依靠节俭来戒除奢侈，那么这就像砍掉树根却企求树木茂盛，堵塞水源却想河水长流一样荒谬。

解析

魏徵作为唐代立国之初的重要大臣，为唐朝的盛世繁荣作出了重大的贡献。而他为后世不断称颂的就是不计安危，大胆向太宗建言献策，唐代的幸运则在于这位中国历史上少有的皇帝也常常能够接纳他的意见。正是这种君臣难得一见的上下一心，才造就了中国历史上这个盛世的奇迹。

传说他曾经突然为一件重要的事情去见唐太宗，这时候太宗正在玩鸟，就只好将手中的鸟捏住并藏在宽大的衣袖里面，然后背着手听取魏徵的汇报。

等到魏徵谈完事情离开之后，太宗手上的鸟儿已经死掉了。其

俭约自守　力戒奢华

71

实皇帝当然不是怕魏徵这个人，而是怕重蹈历代皇帝误国的覆辙。太宗真正的心思是在和皇后说真话的时候：一次他对魏徵提出的意见非常不满，但又不好当面发作，因为他担心会坏了自己善于察言纳谏的美名。可当他转身回到后宫之后，立刻露出真面目，对皇后说：魏徵这个老儿总是和我作对，总有一天我要杀掉这个不知好歹的家伙！

不过呢，生气归生气，总体而言唐代的第一个盛世正是由于有了正确的治国方略，并在君臣一致认可的节俭兴国的观念指导之下，才从唐初的战乱中一步一步走向了繁荣。而到了唐朝后期，也正是因为违背了这个原则，躺在花团锦簇中的唐王朝才会在盛世奢华中逐步走向了灭亡。

譬如饮食，适饱则已，〔1〕有余则病。〔2〕

——苏辙《老子解》

注释

〔1〕适饱：刚好吃饱。

〔2〕有余：吃得太多。

译文

就像吃饭一样，吃饱肚子就行了，吃得太多反而有害。

解析

"贪得无厌"是人们在形容欲望过分的人时常常用到的词汇，那些永不满足的人忘记了人是自然的产物，无论一个人有多大的能力，也必须遵循自然的法则，否则就会贻害无穷。然而，历史上的独裁暴君却往往在贪婪的欲望支配下重蹈前人覆灭的悲剧：希特勒在自己的房间里放了一个巨大的地球仪，每天都对着它做称霸世界的美梦；可是历史却用凄惨的结局嘲弄了这个独裁者。

俭约自守　力戒奢华

欲生于无度，〔1〕邪生于无禁。〔2〕

——《尉缭子·治本》

注释

〔1〕无度：没有节制。

〔2〕无禁：缺少必要的禁止。

译文

私欲的产生由于没有节制，邪恶的产生由于禁止不力。

解析

古今中外历史上有许多无限权力之下无节制的欲望而导致灭国亡身的悲剧：秦始皇建立了统一中国的伟业，儿子胡亥却骄奢淫逸而亡国；徐阶是两朝元老，斗倒奸相严嵩、提拔张居正，两个儿子却享乐腐化，最后被惩罚充军；路易十六曾经"为人民""一心谋幸福"，最后却因坚持骄奢专制的制度而上了绞刑架；韩国总统金泳三由于应对金融危机和重振经济而受到人民的拥护，后来他的三个儿子却因贪腐而入狱。

这些悲剧给人类留下了两个深刻的教训：一是对权力必须加以有效的制约：因为权力导致腐败，绝对的权力导致绝对的腐败；二是对人的无限贪欲需要通过道德的提升来加以约束。正如爱因斯坦所说："我必须尽力以同样的分量来报偿我所领受了的和至今还在领受着的东西。我强烈地向往着俭朴生活，……这才是人生真正的价值。"

日中则昃，月盈则食，〔1〕天地盈虚，与时消息；〔2〕是以圣人不敢当盛。〔3〕

——刘向《说苑·敬慎》

注释

〔1〕昃：偏斜。食：亏损。

〔2〕盈虚：圆满和亏缺。消息：消长停息。

〔3〕当盛：处于最满足的状态。

译文

太阳到正午的时候就开始倾斜，月亮最圆满的时候则会亏缺。所以圣人不让自己处于自我满足的境况。

解析

《说苑》是汉代著名学者刘向总结历史教训的重要典籍，在书中作者特别强调历史上狂妄自大、贪婪腐败的帝王权臣的教训。同时他也像老子和庄子一样，能够从大自然的现象中寻求启示："日中则昃，月盈则食"象征的正是历代开创了丰功伟业的帝王，在他们事业的巅峰却因为狂妄贪腐而开始了自我灭亡道路。在这种历史性的规律中，系统的、制度性的腐败成为关键。

回顾历史的经验与教训，后人也在不断地进行回顾与总结。除了发扬中华民族的传统美德之外，我们还必须吸取人类各民族反腐的经验，尤其是制度反腐，更值得我们重视，因为古今许多事情都说明：不能仅仅依靠在道德上进行节俭的提倡，而且还需要配合

俭约自守 力戒奢华

75

"德治"，进一步从制度上、从源头上遏制贪腐的产生，这才是根本的治国之道。

以奢侈之君，御好淫僻之民，〔1〕欲国无乱，不可得也。〔2〕

——《墨子·辞过》

注释

〔1〕御：统治。淫僻：邪恶不正。

〔2〕不可得：不可能。

译文

让荒淫奢侈的国君去治理邪恶放纵的百姓，想要国家长治久安，这是根本不可能的。

解析

作为墨子"十论"中的重要思想，他不仅在《节用》上、中、下三篇中阐述这个观点，在《辞过》等篇中也论述过同样的思想。通过对比之后，墨子曾经这样总结历史的经验：历史上的圣君，他们的饮食非常简单，衣服也很朴素，住的宫殿极其简陋，但这样的时代他们却将国家治理得很好；即使遭遇到水旱等天灾，老百姓也不会挨冻受饿，因为平时有粮食物资的储备，所以再大的饥荒也可以应对。但到了夏桀、商纣这些暴君执政的时候，由于国君奢侈腐败，于是上行下效，导致官僚荒淫无度，老百姓冻饿饥寒四处作乱。这样的国家是没有办法治理好的。

总结历史的规律，几千年来凡历史上动乱的时代，我们都可以看到一个共同的现象：所谓"官逼民反"，其最大原因就是奢侈腐败的统治者横征暴敛逼得老百姓没有活路，只能铤而走险、揭竿而起。

不仅中国是这样，国外同样有许多这样的例子：罗马帝国因为专制和腐败最终轰然倒塌；法兰西帝国的君主因奢侈腐败而被送上了绞刑台；不可一世的德意志"第三帝国"元首在枪炮声中服毒自杀。……古今中外这样的历史教训不能不令我们深思。

无为而国财空。〔1〕

——《三国志·吴书·陆凯传》

注释

〔1〕无为：无所作为，这里指不发展生产。

译文

如果不发展生产，那么国家的府库就会空虚。

解析

中国改革开放之后，"以经济建设为中心"取代了"以阶级斗争为纲"，我们的国民经济得到了极大的改善，只用了三十多年的时间，国民经济总量就位居全世界第二，创造了人类的奇迹。一个十四亿人口的大国不仅史无前例地"脱贫"，而且在许多高科技领域达到了世界领先的水平。

尤其是在新冠肺炎疫情发生之后，我们依靠正确的防疫措施和上下一心的团结，取得抗击新冠肺炎疫情斗争重大战略成果，成为去年全球唯一经济正增长的大国。

对于未来而言，只要我们保持正确的方向，不断发展经济的良好势头，那么胜利就在我们这一边。无论外在的压力多么巨大，只要我们"做好自己的事情"，不断发展我们的国民经济，发展高科技和软实力，我们就可以战胜一切困难，迈向中华民族伟大复兴的光辉前景。

另一方面我们在大好形势之下仍然要保持清醒的头脑，因为贫富不均的问题，贪污腐败的问题，都依然威胁着我们。内外挑战告诚我们：不能被胜利冲昏头脑，在任何情况下，都要继续发扬我们勤劳节俭的优良传统。

民生在勤，〔1〕勤则不匮。〔2〕

——《左传·宣公十二年》

注释

〔1〕民生：人民的生计。

〔2〕匮：贫乏，缺少。

译文

人民生活的保证在于勤奋劳作，只要勤劳耕作，物资就不会匮乏。

解析

《左传》对于宣公十二年发生的晋国与楚国的战争进行了详细的描写。

这次战争的起因是郑国的权臣为了私利把楚国军队引进来，最后的结局是郑国被楚国占领。两国的战事引来了晋国的军队，但晋国对于是否与楚国开战发生了争执，此节引用的语录就是晋国著名的大臣栾武子说的话。他认为楚庄王体恤百姓，也非常注意百姓的生计，所以不能和楚军开战。

古代的人尚且知道在发展生产与对外战争这两方面要特别注意决策的平衡，不然就会产生严重后果，这在历史上有很多教训：希特勒依靠鼓动德国的民粹主义取得了政权，当时，他由于大力发展德国的经济，使得德国人迅速改善了生活条件，希特勒的民望也得到很大的提升。但在这个时候，这位独裁者称霸世界的狂妄野心不

俭约自守　力戒奢华

断膨胀，悍然发动了一系列侵略战争。虽然德国在战争初期军队一路高歌猛进，甚至逼近了莫斯科的近郊。然而德国最终的失败不仅导致独裁者的自杀，也给德国人民带来了深重灾难。

历史一再证明：只有以民众的利益为本，以发展生产作为强国的立足点，才能够使一个国家立于不败之地。反之，不顾民生、不计民力一意孤行，最终只能是自取灭亡。这是一条颠扑不破的真理。

毋大而肆，〔1〕毋富而骄，毋众而嚣。〔2〕

——《中山王鼎铭文》

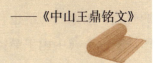

注释

〔1〕毋：即"勿"，不要。肆：放肆，嚣张。

〔2〕嚣：叫嚣，嚣张。

译文

不要因为国大就放肆，不要因为富裕而骄傲，也不要由于人多而气势汹汹。

解析

在中国历史上，无论是中山这个国家的发展历史还是中山鼎铭文本身，都给我们留下了异常深刻的启示。

早在周幽王的时代，史书上就曾经有中山国的记载。后来，在晋、齐、赵等大国的夹缝中，其他许多诸侯国都被消灭了，但小小的中山国居然生存了350年之久。其中在不短的时间里它甚至还曾经强大一时：攻打晋国，战胜燕国，修筑长城（中山国一段，现代考古已经发现了中山国的长城），甚至一度励精图治打胜过赵国。虽然它最终还是被仇敌赵国彻底消灭了，但这只是外因，真正导致它灭亡的内因，其实是自己的国君在夺取燕国土地之后自我膨胀、穷兵黩武的结果。具有讽刺意味的是，《中山王鼎铭文》恰恰印证了它自己违背铭文中的训诫，为后世留下了深刻的教训。

直到今天，有些仍然依仗自己力量强大的国家还在四处炫耀武力，似乎全球无敌。然而，其结果却是导致自己不断陷入四处被动的窘境，国家的经济也背上了沉重的负担。这样的当代历史依然在印证着这个《中山王鼎铭文》的教训。

反之，中国一直牢记这个历史教训，所以我们坚持的既定国策就是：无论多么强大也绝不称霸；我们绝对不会"大而肆"——这是我们对外政策的根本。我们不仅集中精力办好自己的事情，而且尽力帮助贫穷弱小的国家发展经济，我们并没有炫耀自己的武力，却反而赢得了越来越多的朋友。

无多寡之嫌，〔1〕无思贪之欲，〔2〕无横费之财。〔3〕

——黄庭坚《家训》

注释

〔1〕多寡：财富多少。

〔2〕思贪：追求贪欲。

〔3〕横费之财：不义之财。

译文

不要因为富裕而嫌弃别人，也不要一味去追求贪欲，更不要贪图来路不明的钱财。不要因为有钱而大手大脚肆意挥霍。

解析

这是著名文学家、政治家黄庭坚为他的儿子撰写的庭训，后来成为黄氏家族著名的家训，值得我们今天的家长好好的学习体会与仿效。作者写道：

我从小时候念书就开始观察，后来几十年更看到了大量这样的事情：一些家庭他们的父辈开始勤奋努力，经过了几十年的积累，家业渐渐地就积累起来。可是当他们富裕之后，自己的后辈却忘记了先人的创业精神，只学会了享受，他们的家业也逐渐败坏，甚至有的人仗势欺人、胡作非为，将自己送进了监狱。

看到这些事情我感到心惊胆战，生怕自己的儿孙辈也走上这样的道路。所以你要牢记，无论你老爹做了什么样的大官，家中有多少钱财，都要时时刻刻记住，不要因为贫富而区别对待别人，

俭约自守　力戒奢华

不要去贪恋不义之财。无论家中多么富有也不能大手大脚肆意挥霍。

吾家子侄，人人需以勤俭二字自勉，庶几长保盛美。〔1〕

——《曾国藩家书》

注释

〔1〕庶几：差不多，大概。

译文

我们家中的儿孙和侄儿、侄孙后辈们，人人都要用勤俭二字来自我勉励，这样的话大概才可以保住曾家的繁荣昌盛。

解析

对于曾国藩的为人及其历史地位的评价有很大的争议，但在他的家庭教育方面人们却有一个共识：他对节俭谨慎美德的提倡和严格的家庭教育，使得曾氏家族自他之后不仅繁荣昌盛，而且历经近200年的风云变迁依然代代人才辈出。

其实这也是我们民族的共同要求，宋代著名人物黄庭坚也明确要求自己的孩子保持"无多寡之嫌，无思贪之欲"的节俭美德，这同样也是今天值得我们许多家长深思的问题：不少父母将孩子辛苦养大之后，为了避免他们再吃自己所吃的苦，就尽量在物质上满足子女的需要，却忘记了要培养他们的美德尤其是勤劳节俭的良好习惯。这样一味溺爱的结果反而害了他们。这样的教训实在是太多了。今天的年轻人正是因为没有吃苦，所以更应该让他们有艰苦锻炼的机会，而不是像许多家长那样一味娇惯。

抑损嗜欲，〔1〕躬行节俭。〔2〕

——魏徵《十渐不克终疏》

注释

〔1〕抑损：抑制，减少。嗜欲：嗜好，欲望。

〔2〕躬行：亲身实践。

译文

（统治者治理国家）必须减少享受的欲望，带头实行节俭的作风。

解析

这是唐代著名的大臣魏徵向唐太宗提出的治理国家、稳固江山社稷的重要建议，可以说在唐代盛世的建立上起到了重要的作用。

其背景正如文中所提到的那样：在与各地割据政权的战斗以及经历了各种残酷的争夺之后，唐朝的江山已经建立，这时候从太宗到多数的将军大臣就开始流露出大势已定，可以好好享受的思想。尤其是在"贞观之治"以后，享乐腐化的势头更是日益旺盛。这样的社会风气四处弥漫，成为社会即将走向反面的征兆。

如果我们联想到安史之乱前弥漫在朝廷的自我陶醉风气，就能够更加深刻的理解魏徵这种告诫的社会意义。如果当时的君臣能在一片"大好形势"之下及时地看到社会潜藏的巨大危机，尤其是在安禄山造反之前做好思想、物资特别是军事上的应对准备，那就不会在危机爆发之时陷入完全被动的局面，此后唐代的历史也就会被改写。"前事不忘，后事之师"，在今天我国的经济一枝独秀的时候，我们依然必须保持清醒的头脑：居安思危才能永立不败之地。

俭约自守 力戒奢华

好〔1〕专利〔2〕而不知大难。

——《国语·周语上》

注释

〔1〕好：喜欢，喜好。

〔2〕专利：独享利益、好处。

译文

喜欢独享财利的好处，却不知道巨大的灾难就在后面。

解析

这是周代著名大臣芮良夫对周厉王说的话，在这个名言的背后是一段著名的历史故事：贪财暴虐的周厉王宠信大臣荣夷公，因为他不仅处处顺着厉王的心意，而且不断怂恿和满足他贪婪的欲望。芮良夫心急如焚，当面对厉王说：财利是天地万物所生，理应当归于天下的人；一般的老百姓想独占财利都会惹来灾祸，更何况是天子呢？但厉王听不见这个忠言逆耳的话，还是一意孤行，最后的结果就是被国人流放到了"彘"地。

《墨子》中的《所染》篇曾经引用了这个著名的故事，并将厉王的悲惨结局归罪于这位君王"所染不当"，也就是说他受到了不正当的影响。其实权力在王，臣子说的话不管正确与否，最后采纳的权力都在君王那里，所以厉王的恶果还是他自己酿成的。只不过当他手中握有重权的时候，也像无数利令智昏的独裁者一样，只看到了眼前的利益却忘记了它背后的危险。这不仅对权力执掌者是一个深刻的教训，对于我们普通人来说，如何正确地对待利益、如何对待他人，也同样可以吸取深刻的教益。

无论是政治上的权力还是物质上的利益，"分利"才是符合自然之道的。老子早就说过：大海之所以能够成为江河"百谷"之王，就是因为它"善下"——亦即"居众人之所恶"，实际上这就是不与万物争利。然而，尽管这个真理已经被古今中外的无数事实证明，但仍然有被贪欲蒙蔽双眼的人像飞蛾扑火一样往那个火坑里撞去。对此我们不能不深长思之。

俭约自守　力戒奢华

君子所其无逸，〔1〕先知稼穑之艰难。〔2〕

——《尚书·无逸》

注释

〔1〕逸：安逸，享乐。

〔2〕稼穑：农耕、耕种。

译文

有作为的君子不应该贪图享受，必须要首先知道农耕劳作的艰难辛苦。

解析

在中国历史上，《无逸》是一篇极其重要的政治论文，它所总结的深刻道理不仅保证了周朝数百年的稳固与发展，而且在形成中华民族勤俭节约的美德方面起到了重要的作用。在后世的无数政治家、思想家以及历代名臣贤士的文存中，这个深刻的哲理不断地被反复申说，直到今天，这个道理依然具有深刻的启示。

人性的弱点就是贪图安逸，所以孟子就有"生于忧患，死于安乐"的名言（在忧患的激励下获得生存壮大的力量，在安逸的环境中走向灭亡的危险），尤其是对于握有大权的帝王来说，面对没有监督的权力更容易为所欲为，就连创造了"开元盛世"的唐玄宗也在一片大好形势面前冲昏了头脑，最后让形势急转直下，自己也落了个十分悲惨的下场。

反之，像勾践那样的亡国之君，却能够在遭受灭国之祸的情况下，依靠忍辱负重的卧薪尝胆艰苦努力，最后不仅恢复了自己的祖国，而且奠定了春秋霸主的王业。对比两种君主与国家的命运，我们更加能够认识到《无逸》所包含的深刻哲理。在目前我们的一些年轻人不愿意吃苦奋斗，甚至宁愿"躺平"、碌碌无为、浑浑噩噩度日的不良风气下，我们更应该牢记并践行中华民族勤劳节俭的美德。

俭约自守 力戒奢华

圣世之君，〔1〕存乎节俭。〔2〕富贵广大，〔3〕守之以约。

——唐太宗《帝范》

注释

〔1〕圣世：圣王创造的盛世。

〔2〕存乎节俭：依靠节俭的方法得以保存。

〔3〕广大：丰厚的（产业）。

译文

圣王创立的盛世基业必须依靠节俭稳固，国家无论多么富贵也要坚持节俭。

解析

在中国的历史上，有无数"淫佚则亡"的教训——无论这样的朝代多么富裕强盛，仍然逃不掉这样的规律：隋文帝统一中国，国势日渐强势，结果却因隋炀帝的倒行逆施导致了亡国；国民党失败的原因也被公认为是出于内部的贪腐祸根。古今中外这样的教训数不胜数，而且历经几千年历史之后，这样的悲剧仍然在不断上演。

在历史上，开国君王往往都是具有雄才大略的人物，然而等到他们的子孙继承权力的时候，由于他们往往只是凭借先辈的权势而不是依靠自己的能力得到权力，加之绝对的权力导致的腐败，使得这些子孙们一代一代只知道享乐腐败而不思进取，祖父辈的能力在他们身上也成几何级的退化。其结果就是自取灭亡，改朝换代的历史大剧就是这样不断上演的。

所以贪腐的问题绝不仅仅是一个道德品质的问题，而是关系到国家民族生死存亡的重大问题。之所以要"警钟长鸣"，其道理正在于此。

世俗大乱之主愈侈其葬，〔1〕则心非为乎死者虑也，生者以相矜尚也。〔2〕

——《吕氏春秋·节丧》

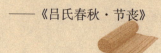

注释

〔1〕大乱之主：导致大乱的人。侈其葬：花费巨大的财富来厚葬死者。

〔2〕生者：活着的人。矜尚：夸耀于人。

译文

世俗社会那些作乱的人都喜欢将亲人厚葬，其目的并不是为死者着想，而是为了向世人夸耀（自己的权势财富）。

解析

历史上曾经有一个著名的真实故事——霍光家族的覆灭——形象而深刻地诠释了这个道理。霍光是历史上赫赫有名的抗击匈奴的著名将领霍去病的弟弟，他因为兄长的庇护而不断受到提拔，在朝廷上权倾一时。后来武帝去世之际，他更是享受"托孤"的殊荣，此后，他曾经让刘贺继位做了皇帝，又因其享乐腐败与太后一起将刘贺废为"昌邑王"。之后他找到流落民间的刘洵立为汉宣帝。然而，这样一位权倾朝野的大臣却在死后仅仅三年其家族就遭到灭顶之灾。何以会酿成如此的悲剧？其原因就是他和他的家族倒行逆施，最终自己酿成了家族覆灭的祸患。

霍光在世的时候就已经被权力冲昏了头脑：在权力达到顶端的

时候，他没有懂得"物极必反"的道理，因此他没有约束自己和家人，尤其是自己的老婆霍显——这个愚蠢的女人居然买通太医将刘洵在民间共患难的妻子许平君毒死，通过阴谋另立了自己的女儿霍成君当上了皇后。在霍光死后，其家人不顾君臣礼仪大忌，还扩大其陵墓的规模，弄得朝廷上上下下对他们无不嫉恨不已。尽管当初汉宣帝忌惮霍光的权势没有及时地惩罚他，然而，在霍光死后，宣帝便不断削弱霍家的权势，最后在霍光死后仅仅三年，这个曾经权倾一时的显赫家族就被一举灭掉。从此，历史上就留下了一个千古教训。

俭约自守　力戒奢华

时举先世耕读之训，〔1〕教诫其家。〔2〕

——《清史稿·曾国藩传》

▌注释▐

〔1〕耕读之训：农耕与读书并重以传家的古训。

〔2〕教诫：教训告诫。

▌译文▐

（曾国藩）随时都重复古代耕读传家的古训，并且以此来告诫家人。

▌解析▐

在中国最后一个王朝——清朝，数千年封建专制王朝走向了最后一个阶段。与过去无数的王朝一样，它也从曾经的无比强大最终走向了末路。在这个历史巨大变革的时期，内有统治阶层的专制腐败，外有列强的强势入侵，而改革的势力遭到残酷的镇压；过去强盛王朝的覆灭已经成为任何人无法挽救的趋势。同时在这个历史大潮中，从帝王到权臣，一个一个家族也灰飞烟灭。但独有曾国藩等几个少数的家族却免于覆灭的命运。而他们家族延续至今的秘密就是恪守了我们农耕民族最重视的"节俭"的古训。

其中最为人称道的就是曾国藩以历史上的反面教训——曾经的权臣霍光家族的悲剧告诫自己的子弟和孙辈们：一定不要骄奢淫逸，否则就会重蹈历史覆辙。正是有了这种清醒的头脑，加之他从小对族人的教诲和他的子孙对长辈节俭训诫的坚决遵循，曾国藩家

族才避免了历史悲剧的重演。正反两种对比，令我们今人不能不深
长思之。

纵欲以劳人，〔1〕卑俭之迹岁改，〔2〕骄侈之情日益。〔3〕

——《贞观政要·论慎终》

注释

〔1〕劳人：使人劳累。

〔2〕卑俭之迹：过去节俭的传统。

〔3〕日益：一天天增加。

译文

放纵欲望使得百姓劳累不堪，过去节俭的传统也不断改变，而骄傲奢侈的风气日益增加。

解析

在唐代初期战乱结束之后，中国历史上最著名的朝代也不断地走上了盛世繁荣之路。然而，在国力强大之后，君臣的享乐奢侈之风也开始滋长。在从上到下还毫无察觉的情况下，魏徵就敏锐地看到了问题的严重性。他在这篇重要的文章中直言不讳地说：陛下你在贞观年间之初的时候，能够减少自己的爱好与享受的欲望，时时想到怎样发展经济。可是形势好转之后，你却放纵自己享乐的欲望，使得过去你放低身段、节俭度日的良好习惯不断改变，而奢侈享乐之风不断弥漫。我真的感到十分担忧啊。

联想到后来的唐玄宗"安史之乱"的教训，对照无数因贪腐奢华而带来的灾难，我们今天仍然应该深刻思考其中的道理。

孔子称禹，〔1〕而于墨翟之俭不敢辟以为非，〔2〕盖信其传之有自也。〔3〕

——李贽《道古录》

注释

〔1〕称禹：称赞大禹。

〔2〕辟以为非：驳斥这种观点（指墨子的节用思想——这里应该是李贽的行文之误，因为墨子与孔子并不同时），认为它是错误的。

〔3〕传之有自：这种说法自有它的根据。

译文

孔子称颂大禹，但对于墨子的节俭思想不敢批评它是错误的，这大概是因为他知道墨子的这种说法是有历史依据的。

解析

李贽历来被正统文人视为离经叛道的"狂徒"，因为他敢于公开非议孔孟这样的圣人，然而正因为如此，他也受到当时的百姓（包括贩夫走卒甚至妇女）的热烈欢迎。正是他的叛逆眼光使得他对墨家等异端思想非常认可。在他的影响下，当时的"泰州学派"人物赞同墨子思想的人不少：包括王廷相、王艮、高拱等一大批人。

甚至当时的著名大臣张居正也认为："当民穷财尽之时，若不痛加省节，恐不能救也（在面临国家和百姓的财产耗尽的时候，如果不痛下决心大力节省，恐怕难以解救国家的危难）。"所以有人认为，张居正也受到了墨子思想的影响。

墨子的思想在明代后期的确是有很多人认可的，不然《墨子》的刻本也不至于一下子猛增（明刻本《墨子》的数量远远超过此前所有时代的总和）。另一方面，由于复古思想的影响，中国古代的人都喜欢以复古为创新，所以李贽的这种说法也就不奇怪了。重要的是，我们从这种说法中看到了明代后期社会思潮的巨大变化，尤其是墨子的节俭之类的思想不仅被文人重新提起，而且将它放到了与圣王之言同等的地位。这是从汉代之后到明代中前期的一千多年历史上从来没有过的事情。

这就是格言所说的"是金子总会发光"。

海纳百川，[1] 有容乃大；[2] 壁立千仞，[3] 无欲则刚。

——林则徐拟对联

注释

〔1〕纳：容纳。

〔2〕有容：有容量。

〔3〕千仞：古时以七尺或八尺为一仞，千仞形容山势高峻。

译文

大海之所以能够容纳百千条河流，就是因为它具有最广阔的胸怀；悬崖绝壁可以直立千丈，是因为它没有过分的欲望（不向其他地方倾斜去占据更多的地方）。

解析

在《老子》的许多章节中，都不断地重复告诫人们："圣人欲不欲（以没有欲望作为自己的最大欲望）"，"不贵难得之货（不要去企图获取那些奇珍异宝）"，甚至将它作为自己最重要的训条："我有三宝：一曰慈，二曰俭，三曰不敢为天下先（我有三条最重要的宝贵经验：首先是有心怀慈悲，其次为厉行节俭，最后就是要处事不要轻率冒进）"。这不仅是社会治理的重要法则，而且是为人处世的重要原则。历史上有许多貌似强大的统治者因为违背这些原则而导致了自我的覆灭与社会的悲剧。同时也给每一个普通的人留下了深刻的教训。因为许多人正是违背了这个重要的训条，最终遭到惨痛的失败。在当代的企业家中也有不少这样的案例。

俭约自守　力戒奢华

传家得勤俭意便佳。〔1〕

——《围炉夜话》

注释

〔1〕得勤俭意：得到勤俭的传统。

译文

能够用勤俭的传统来继承家业是最好的。

解析

《红楼梦》描写的四大家族曾经有过"花团锦簇"的繁华富贵，但最终却"落了个白茫茫大地真干净"的覆灭结局。这部第一流作品的情节实际上是对清代乃至整个封建社会大家庭命运的艺术概括。

当今时代已经产生了天翻地覆的变化，但违背我们民族智慧导致衰亡的道理依然值得人们深思。笔者就曾经亲眼见证过这样一个企业家公司命运的巨变：在他的企业最鼎盛的时候，每天都有络绎不绝的人拿着现金到公司来寻求与他合作——而且大多数是数十万元的现金交易。仅仅过了不到两年的时间，他的公司产值就达到上亿元；按照他自己的设想，用不了三年的时间他就可以做成一个有名的上市公司。然而令他始料不及的是，第二年他的公司就出了大问题：公司陷入信用危机与债务危机，政府相关部门介入调查；此后绞尽脑汁他也没能够免于公司破产的地步。然而，他始终没有想到为什么会这样。其实道理很简单：他的快速致富的"人之道"违背了财富增长的规律——就是老子所说的"天之道"（自然规律）。

如果不吸取历史的教训，"后人复哀后人"的事情还会不断地出现。

岁丰仍节俭，〔1〕时泰更销兵。〔2〕

——白居易《太平乐》

注释

〔1〕年丰：丰收之年。

〔2〕泰：安泰，平安。销：消弭，避免。

译文

丰收之年仍然需要节俭，天下太平更要避免战争。

解析

有句成语叫"未雨绸缪"，就是说在问题没有出现之前需要提前谋划，而通常人们都是在遇到难题的时候才仓促应付。在节俭的事情上绝大多数人同样也是这样，所以白居易告诫我们必须早做准备，以免灾荒来临的时候饥寒交迫。

现在我们的粮食生产已经早已能够养活十几亿中国人，但只要是 20 世纪 70 年代之前出生的人都不会忘记挨饿的日子，这在莫言的小说中曾经有刻骨铭心的描写，只要是那个年代过来的人都会在阅读他的《透明的胡萝卜》等小说的时候产生强烈的共鸣。但对于现在的绝大多数年轻人来说，那些场景仿佛只是小说家的艺术想象和过分夸张。

很多人现在已经将"节约""简朴"看作是"老土"的表现，吃不完的食物打包也被视为"小气"，更有甚者，将铺张浪费看成了"大方""豪气"的体现，"大胃王"的"吃播"更是吸睛无数。

尤其是在前些年这样的风气达到了惊心动魄的地步，以至于当时国外就有人评价说：中国既是最大的发展中国家，也是最大的浪费国家。现在经过大力反腐和厉行节俭的宣导，情况已经得到了较好的转变，但要发扬中华民族节俭的优良传统，还有待于我们几代人的不懈努力。

侈恶之大，〔1〕俭为共德。〔2〕

——曹操《度关山》

注释

〔1〕侈恶：奢侈的罪恶。

〔2〕共德：共同认可的美德。

译文

奢侈是极大的罪恶，而节俭则是公认的美德。

解析

历史上的曹操在政治军事上有突出的成就，而他的生活则非常节俭。我们不仅在这样的诗歌中看到了他对节俭美德的大力提倡，而且在历史上曹操确实是这样一个人。《三国志》记载他"雅性节俭，不好华丽，后宫衣不锦绣，侍御履不二采（他的性情是喜欢节俭，而不喜好虚浮华丽。后宫中的宫女不穿锦绣衣服，侍女的鞋袜色彩也很单调）"，其中虽然有"为尊者讳"的成分，而且作为一世枭雄曹操也的确具有残暴的性格；但不可否认，在历代帝王中曹操的确是比较节俭的。而且就他这个诗句而言，不仅体现了我们民族的节俭优良品德，而且作为一个领袖人物来提倡与践行，肯定也是有正面作用的。

反而是现在，奢侈好像不仅不是一种罪恶，反倒成为令人羡慕的"炫富"正常现象，尤其是在一些"90后""00后"那里更是如此。幸亏这样的风气近两年开始得到了纠正：扛水泥的美女搬运工成为被称赞的对象，带着母亲上学的大学生也成了明星人物，提倡节俭虽然还没有形成大规模的风气，但也开始有了好的苗头。这一切给我们显示了未来的希望。

诸加费不加民利者，〔1〕圣王弗为。〔2〕

——《墨子·节用中》

注释

〔1〕加费：增加费用、耗费。

〔2〕弗为：不去这样做。

译文

各种增加耗费而不利于老百姓的事情，圣王都是不会去做的。

解析

墨子作为"农与工肆之人"的代表，处处站在老百姓的立场思考问题，他极力主张的"兼爱""非攻""节用""节葬"等思想，都是基于民生立场而提出的政治主张。对于执掌大权的国君，他也抓住机会进行劝谏，并且带领弟子四处宣传他的这些思想，正是如此他才得到"平民思想家"的美名，而墨家学派也正因为践行他的这些主张，才成为了与儒家齐名的天下著名"显学"。

即使在现代社会，墨子的这些思想依然没有过时，尤其是像"节用""节葬"这样的思想还特别的具有时代的针对性：君不见我国虽然主要粮食作物已经能够满足国人的需要，但每年我国仍然大量进口大豆、玉米等粮食；我们餐桌上的浪费现象虽然比过去有所好转，但每日的粮食浪费依然惊人。尤其是年轻一代，因为没有经历过老一辈的物资匮乏时代，他们也没有挨饿的经历，浪费起粮食来一点不感觉心疼——如果他们一日三餐桌上的食物是经过自己的双手辛勤劳作生产出来的，那他们自然会有不一样的感觉；可惜在许多人的一生中很少有这样的机会。

我们的国家虽然在大力提倡勤俭节约，但由于种种原因，实际上执行起来被打了许多折扣：比如少数国企、央企的领导人往往是只"对上"负责，而他们手中的权力也还仍然缺少制度上的监督，因此其中的一些人花起国家的钱就自然大手大脚；而事后造成巨大的浪费损失却很少被追责。对比墨子在两千多年提出的思想主张，我们不仅要深刻思考其中的现代意义，而且要大力采取实际行动将这种思想落实到每一个人的身上。

家有不宜之财〔1〕则伤本。〔2〕

——《战国策》

注释

〔1〕不宜之财："宜"通"义"，"不宜之财"就是"不义之财"，不正当的收入。

〔2〕本：根本，指家庭的和谐幸福。

译文

一个家庭如果有不正当的财产，那就会影响家庭的稳定与幸福。

解析

所谓不正当的财产就是通过非法手段或者巧取豪夺而得到的财物，因为它违背了"君子爱财，取之有道"的正义原则。就现代社会而言，这种东西不是贪腐而来，就是违法乱纪的收入，它们当然都会给当事人及其家庭带来祸害。他们贪腐得来的财产越多，其罪行就越大。

笔者曾经与滕州监狱中开展"学墨为新"活动得到思想改造的典型人物会谈。其中有两个人的现身说法给我留下深刻的印象。他们一个曾经做过教育局长，另一个是市政府部门的高官，他们深有感触地说，学习了墨子的"兼爱""节约"思想之后，联系自己犯罪的前因后果深有体会：我们也是出身农村家庭的，刚出来工作的时候都兢兢业业、小心谨慎。但后来权力大了之后，尤其是在别有用心的老板贿赂之下，渐渐放松了警觉，最终走上了犯罪道路。如果我们早一些学习和领悟墨子节俭的教导，能够拒绝金钱的诱惑，也不至于走上犯罪道路啊！本来我们开始也是想多给家里增加收入，改善家庭生活状况，没想到最后却是给家人带来了巨大的伤害！

俭约自守　力戒奢华

劳来强事谓勤也。〔1〕

——《尔雅·释诂》

注释

〔1〕强事：强力从事。

译文

"勤"的意思就是尽自己的力量去从事某种事业。

解析

中国人最初造字的时候就在其中贯穿了民族文化的因素，所以我们往往可以从一个字的最初含义去体会它所包含的丰富文化信息。"勤"字的右边是"力"，也就是说，用力去从事某种活动才叫做"勤"。作为古老的农耕民族，我们的先民在创造农耕文明的时候就是凭借勤劳的双手在黄河流域辛勤耕作，从而在创造物质文明的基础上创造出灿烂辉煌的精神文明。从此，"勤劳勇敢"就成为我们民族不断走向辉煌的制胜法宝。

庶几侥幸，不种而获。[1]

——苏轼《三槐堂铭》

注释

〔1〕庶几：几乎，差不多。

译文

只希望有意外的侥幸，不种植就能收获。

解析

"一分耕耘，一分收获"一直是中华民族作为农耕文明的优良传统，这个全世界独一无二的传统延续了数千年，并影响我们的民族精神至为深远。

在这个历史的长河中，我们形成了"耕读传家"的悠久传统，这个传统为我们的农耕文明提供了充分的保证：农耕提供了生存的物质基础，读书则传承了我们伟大文化的重要基因，使得它成为中华民族形成全世界独一无二的千年文明传承不断的关键因素。由此还衍生出一系列的"和合文化""礼仪文化"与"乡贤文化"。这种影响甚至辐射到海外：在抗日战争最艰苦的岁月里，美国的知名新闻作家曾经专门在《社会》这个著名杂志中以 8 页的篇幅对以当地知名人士为代表的"乡贤文化"作了报道。文章的作者认为：这种文化是经济落后的中国能够避免像工业化的法国迅速败于德国那样的重要原因。

在数千年的历史上，我们的民族经历了无数的惊涛骇浪，而同样时期全世界许多其他文明都已经消失在历史的长河中，而我们的民族却依然屹立于这个世界上，依靠的就是我们伟大的道德文化传统。

为国之道：食有劳而禄有功，〔1〕使有能而赏必行，罚必当。〔2〕

——刘向《说苑·政理》

注释

〔1〕食有劳：依靠劳动生产粮食。禄有功：凭功劳得到俸禄。

〔2〕赏必行：奖赏必须执行。罚必当：惩罚有得当。

译文

（李克对魏文侯说："治国的道理是这样的，）依靠劳动生产粮食，凭着功劳得到俸禄；奖赏必须得到执行，惩罚也必须宽严有度。"

解析

李克在这里所说的话，是为了回答魏文侯询问怎样才能治理好国家的问题，其中的道理不仅在当时有很强烈的现实针对性，而且在今天仍然具有深刻的启示。无论是大到国家的治理，还是小到家庭的建设，"成难败易"都是一个普遍规律："官二代"容易在父辈的庇护之下横行霸道，"富二代"则常常依仗父母的财富骄奢淫逸。凡此种种，不胜枚举。

然而，在历史上也有不少头脑睿智的人，他们从一开始就对子女严格要求，从而避免了后人走上纨绔子弟的邪路。范仲淹贵为宰相，但却严格要求自己的家人和子女，家中的人绝不许穿着绫罗绸缎，桌上的饭菜与平民百姓没有两样，更不许置办奢侈品之类的东西。正是这种良好的家风家教使得他的子孙后代不断继承他所开创的良好家风，以至于创造出传承不断的范氏千年家族，而且至今影响深远。

夺淫民之禄，[1] 以来四方之士。[2]

——刘向《说苑·政理》

注释

〔1〕淫民：奢侈腐化之人。

〔2〕来：招来，引进（人才）。

译文

剥夺奢侈腐化之人的俸禄，用这些钱财去招募那些对国家有用的人才。

解析

战国时代的魏文侯曾经困惑于治理国家的问题，尤其是对贵族子弟的问题感到无可奈何，李克就回答说，父辈凭借功劳才得到俸禄，而那些作子女的没有功劳却也能够得到这些，而且还出门乘车，穿着貂裘之类的华丽服饰，在外炫耀他们的荣华富贵，回家还可以享受钟鼓器乐。这样就败坏了乡间的教化。

荀子早就说过："蓬生麻中，不扶而直；白沙在涅，与之具黑。"意思是说，柔软的蓬草如果生长在麻的中间，那么不用去扶持它，蓬草也自然长直了；雪白的沙子如果放在黑色的泥土里面，它自然也就便成了黑色。这就形象地说明了环境的重要性。今天如果我们要净化社会的环境，除了法制的建设之外，净化家庭的环境是一个重要的基础工作。而从小严格要求，使孩子懂得"无功不受禄"（没有功劳就不能得到相应的待遇）的道理

十分重要，否则就会产生躺在父母的功劳簿上贪图享受的纨绔
子弟。

非义〔1〕不取，救死扶贫。敦亲〔2〕睦族，敬老尊贤。

——《苏氏家训》

注释

〔1〕非义：不是正义的，来路不正的。

〔2〕敦亲：亲近家族中的人。

译文

不义之财绝不贪取，救死扶伤接济穷人。和睦亲人、愉悦族人，尊老爱贤、敬重德行。

解析

眉山的苏氏家族被誉为"一门父子三词客，千古文章四大家"，苏洵为首的苏氏家族之所以能够在历史上为人称颂，其原因就在于从他开始就建立的良好家风。父母的榜样也影响了他们的儿子发奋苦读。苏氏父子三人都出了名，并由于其文学成就而被誉为"三苏"。

由于苏洵与他的太太程夫人的共同教育，苏氏家族形成了非常好的家风。在苏轼兄弟成长的道路上母亲的影响特别巨大。苏轼曾经写过《虞美人·端午节忆母》等大量诗歌，怀念母亲对自己的谆谆教诲，尤其是母亲勤俭节约、周穷济贫的美德。所以，苏氏家族的家风也是苏洵夫妇共同缔造的结果，而他们共同营造的良好家庭氛围，使得子女从小得到良好的成长环境，最终出现中国文学史上的奇迹。这对我们当代的家庭教育具有深刻的启示。

由于前些年传统文化的丧失，优良的传统美德在家庭教育中也十分缺乏。当今的一些家庭中缺乏正确的家教家训，导致了子女在成长的过程中很难受到良好家庭环境的影响。正是这个重要的原因，造成了一些青少年出现道德品质的问题。要从根本上纠正这样的现象，就必须学习古代优良的家庭教育传统，使问题在萌芽状态就得到很好的解决。这样才能通过每一个社会正常细胞的培养进而塑造健康的社会肌体。

苟恶劳而好逸，〔1〕必舍正而趋邪。〔2〕失业则渐至丧心，〔3〕损人究未能利己也。

——《"义门陈"家范》

注释

〔1〕苟：如果。

〔2〕舍正趋邪：舍弃正直，趋向邪恶。

〔3〕失业：失去正业；丧心：丧失良心。

译文

如果贪图安逸而厌恶劳动，那就会舍弃正道走向邪路。失去正当职业（无所事事）会逐渐丧失良心，损害别人最终也不会有利自己。

解析

"义门陈"不仅在中国历史上甚至世界历史上也是一个罕见的奇迹：一个家族凭借古老的家训竟然能够从江西德安县车桥村这样一个小地方繁衍生息，代代人丁兴旺、枝叶茂盛，而且保持数百年聚集在一个地方而不分散（"3900 口，历 15 代，330 年合灶炊爨"，即 3900 个陈氏族人，经历了 15 代，330 年都在一个锅灶吃饭），以至于朝廷惧怕其势力太大而由皇帝亲自下令将其大家族分散在全国各地，然而无论世事如何变迁，他们依然保持着自己古老的家训。

这个宝贵家训中，不仅有我们中华民族传统美德的普遍精神，

俭约自守　力戒奢华

而且还将这些传统美德细化：比如其中的"勤本业"和"崇节俭"就规定："农工商贾，承世业于箕裘；机杼麻桑，课女工於宵旦（家族中从事农工商业各行各业的人都要承继先祖的工具、行业，种植桑麻、纺线织布的妇女也要像先辈一样夜以继日的劳作）"，正是这些代代相传的古老家训延续了"义门陈"一脉相承的优良家风与传统。直到今天，分散到全国各地的"义门陈"后裔仍然牢记他们祖先传下来的家训，并以此为最大的荣耀。"义门陈"的奇迹也是我们中华民族数千年屹立于世界的缩影和象征。

天生之财有数，人之纵欲无穷。苟不谨于平时，何以赡其急？〔1〕

——《"义门陈"家范》

注释

〔1〕赡其急：紧急的时候提供帮助。

译文

大自然能够产生的财富是有限的，但人的欲望却没有止境。如果平时不知道节俭积蓄，一旦遇到灾荒和不幸，如何能够应急呢？

解析

在中华民族发展的历史长河中，不仅有"孔颜曾孟"这些儒家学派代表人物依靠传统美德繁衍的千年家族，还有从"义门陈"到曾国藩等著名家族这样举世闻名的家族奇迹。这些能够跨越历史长河与时代变迁而绵延不断的家族，充分体现了中华民族传统文化的巨大生命力，而其中的节俭传统则发挥了至关重要的作用。

今天我们重温这些历史上的奇迹，不仅是在回顾我们伟大民族的光荣，也是在产生这个历史奇迹的动力中获取强大的精神力量。未来，无论我们的国家发展得如何强大，"节俭"的美德都是我们不能丢掉的宝贵精神财富。

俭约自守　力戒奢华

克勤克俭，且耕且读。不学下流，〔1〕不堕家声。〔2〕

——李榕《家训》

注释

〔1〕下流：道德败坏，名声恶劣。

〔2〕家声：家庭、家族的美好名声。

126

译文

坚持勤俭朴素的家风，恪守"诗书耕读传家"的良好传统。不要去学好逸恶劳的坏习气，不要毁坏了家族的美好名声。

解析

四川广元的著名乡绅李榕是一个命运大起大落的人：他33岁考入进士，与李鸿章、李元度等四人并称为"曾（国藩）门（下）四李"。在任湖南布政使的时候执掌全省的军政人事大权，他不仅没有像其他很多官吏那样大肆贪腐，反而主张"豁免下户，着重上户"（减免小商户的税收，增加大富豪的税额），由此得罪了地方的豪强势力。他的强势与清廉更是将原来依靠腐败官僚巧取豪夺致富的官商勾结的权势人物全都得罪了——尤其是他得罪的以李鸿章为首的官吏更是对他恨之入骨。这些人联合起来诬陷弹劾他，于是同治皇帝命令李鸿章办理此案。虽然调查的结果是"查无实据，事出有因"，李榕却仍然被革职还乡。

回到家乡剑阁之后，他将全部精力用于办学，并培养了大量的优秀人才。此外，他还编写了《剑阁志》等著名的地方文献，为川北地区的文化事业作出了很大的贡献。在治家方面，他也特别的与众不同：他不仅要求家人保持勤劳简朴的生活作风，甚至要儿孙们和长工一起下地干活：一起割麦插秧，还与他们同桌饮食。在当地成为一大奇闻。在这种风气之下，他的儿孙个个成才：儿子李颖参与编写《剑州志》，成为有名的地方文史专家，侄孙李谔传承办学，还收农商子弟入学。当地的乡村民风也受到极大影响，他的家乡因此形成了文化氛围十分浓厚的远近闻名"化乡"（文化教化之乡）。

俭约自守　力戒奢华

魏文侯问李克曰："吴之所以亡者，何也？"李克对曰："数战数胜。"文侯曰："数战数胜，国之福也。〔1〕其所以亡，何也？"李克曰："数战则民疲，数胜则主骄。以骄主治疲民，〔2〕此其所以亡也。"

——刘向《新序·杂事五》

注释

〔1〕福：值得庆幸的事情。

〔2〕治：领导，率领。

译文

魏文侯向李克询问吴国灭亡的原因，李克回答说："它被灭国的原因是在于此前与敌国的战争中它每次都打胜了。"文侯说："每次都打胜仗不是很好的事情吗？怎么会成为它灭亡的原因呢？"李克说："连续作战虽然都取胜了，但老百姓也被沉重的劳役弄得极其疲惫了；而且不断的胜利也免不了让国君狂妄自大。结果就成了骄狂的君主带领疲惫的国民作战，这就是吴国灭亡的原因啊！"

解析

中国有句成语叫"骄兵必败"，就是告诫人们在大好形势之下要时刻保持警惕。然而，在历史上许多国家恰恰就是因为忘记了这个古训，在最强盛的时候开始走向了自我灭亡的道路。其根本的原因就是对外穷兵黩武、对内不顾民力，结果引起了掩盖之下的矛盾总爆发。所以古今中外那些看起来不可思议的强大帝国命运大转折，其实都有深刻的内在原因。

　　一个国家最强大的力量并不仅仅是军事上的力量，而是民心，也就是执政者能够得到老百姓的拥护，能够上下一心、同仇敌忾。而最害怕的则是统治者平时只知道奢侈享乐，尤其是当百姓饥寒交迫的时候国君依然盘剥不已，造成墨子所说的"上不厌其乐，下不堪其苦（在上的王公大人享乐无度，而老百姓却痛苦不堪）"。一次有人向孟子抱怨说：有暴徒殴打我的官员，但老百姓不仅不加以阻止，反而幸灾乐祸的看笑话，这是为什么呢？孟子回答到：不要抱怨百姓，好好反思你自己吧！你和你的官员平时欺压百姓，老百姓都敢怒不敢言；当有人殴打你的官员时，老百姓感到有人替他们复仇了，高兴还来不及，当然不会去制止了。所以凡事都要想想前因后果。归根结底还是那句古语：水可载舟，亦可覆舟。

听览政事，从善如流。哀矜百姓，〔1〕恒思所以济益。〔2〕

——《北史·魏本纪第三》

注释

〔1〕矜：哀怜，怜惜。

〔2〕恒：常，时常。济益：接济，给予好处。

译文

（北魏孝文帝）在听取大臣汇报政务的时候，都能够发自内心的采纳他们好的意见。对待大众百姓，也都哀怜那些穷苦的人，并想方设法帮助到他们。

解析

在中国历史上，北魏的孝文帝拓跋宏是一位具有重要历史地位的帝王：他除了在治理国家、勤政节俭方面作出榜样之外，在汉民族文化与少数民族文化的和谐交融方面，他更是有着重要的历史贡献。从北魏开始到唐代完成的异质文化交流融合，对中华民族文化的传承发展起到了重要的意义。

在他继位的初期，既有朝廷内部的明争暗斗，更有汉民族与少数民族的严重武力冲突。他由于养母冯太后的影响，自幼饱读儒家与佛道经典，对汉文化非常膺服。在执政期间，他为融合汉民族与少数民族文化进行了一系列的重大举措：大力推广儒家文化；将少数民族的姓氏改为汉姓；不顾朝中许多大臣的反对，迁都洛阳。通过这一系列的政治、文化的措施，使得北魏的政治、经济、军事、社会、文化产生了巨大的变化。由于这些举措符合北魏少数民族与广大汉民族的根本利益，北魏孝文帝的改革取得了历史性的成功；同时对于中华民族文化的传承发展起到了巨大的作用。

在发扬传统节俭美德方面，他也成为一个典范的人物，今天依然值得我们效仿。

俭约自守 力戒奢华

第(二)篇

简朴生活 高超思想

早在 2000 多年前，亚里士多德就说过：合乎德行的活动所导致的快乐比其他快乐都更美好、更高尚、更加令人快乐。而最美好、最高尚、最令人快乐的东西就是幸福。苏格拉底生活简朴，将毕生的精力用来探讨人的生存价值，成为西方影响最为深远哲学家之一；托尔斯泰宁愿放弃贵族生活，至死也要用生命去探索人生的意义，『托尔斯泰主义』至今仍然具有影响；爱因斯坦作为世界上第一流的科学家，却以『和平主义者』的思想影响了此后一代又一代的人。中国古代的孔子、墨子本可以凭借他们的智慧获取高官厚禄，但他们以造福天下为己任，并以其『和合』『兼爱』的思想塑造了中国人的和平性格；老庄的『自然之道』至今仍是引导当代人类与大自然和谐相处的最高法则。这些人类第一流智者的人生智慧可以用一句话来概况：就是『简朴的生活，高超的思想』。

夫仁者，己欲立而立人，[1] 己欲达而达人。[2]

——《论语·雍也》

注释

〔1〕立人：树立人的品行。

〔2〕达人：使别人也达成仁义。

译文

对于一个仁义的人来说，自己站得住也让别人站得住，想要自己达成仁义，也帮助别人成就仁德。

解析

孔子的这个思想贯穿了一个"仁德"的原则，即首先提高自己的道德修养，然后以此为榜样，以造福百姓、安定社会为依据，这种准则与墨子的"兴天下之利，除天下之害"、建设一个百姓"便宁无忧"的世界具有根本的相同点。所以目前国内的学术界不断加强对"儒墨会通"这个主题的探讨；而两家"譬如水火，相灭相生"的思想交融也日益得到学术界的认同。

儒家在两千多年中的主流意识形态地位是众所周知的，但在中国历史上墨家与儒家同样处于"显学"的地位很多人却并不了解。自从汉代之后，由于墨家受到排斥，所以许多人知道孟子对墨子思想的批评，但对墨子思想的具体内容却知之甚少。其实，两家虽然在历史上曾经有过激烈的争论，但在不少问题上却有共同点，尤其是对于节俭的提倡可以说儒墨都是相同的。今天，我们正本

俭约自守　力戒奢华

清源，重新认识他们的价值，尤其是对节俭的提倡，是具有重要意义的。

育之以时，〔1〕而用之有节。〔2〕

——《汉书·货殖传》

注释

〔1〕育：培育，这里的意思是种植。

〔2〕节：节制，节约。

译文

从事农业生产的时候要按照时令季节来安排生产，使用财物的时候则必须要注意节约。

解析

现代人在评价以《史记》为代表的二十四史这样的古代正史时，往往都习惯于"帝王将相的历史"这样的评语。当然我们并不否认这种评语有它的道理，但不要忘了，在这些丰富的历史著述中也包含了大量古代的经济史、社会史、军事史、民族史等包罗万象的历史资料和古圣先贤智慧等浩瀚的知识与智慧。像历代的《货殖传》就是对这一历史时期经济状况的大量记载，同时也反映了我们传统的经济理论与相关的观念，比如这里所引用的话就传递了中华民族的重要经济政策以及节俭美德的观念。

我们的民族很早就知道依据自然的规律来安排农业生产，并形成了以"24节气"这种全世界各民族中独特的文化（目前已经被联合国教科文组织认定为"非物质文化遗产"）。《汉书》的《货殖传》作为汉代重要历史典籍的纲领性文献，统述整个汉代经济史，它对于农时、节俭观点的重视，反映了我们民族对于这种观念的一以贯之的继承。

不见可欲，〔1〕使民心不乱。

——《贞观政要·论俭约》

注释

〔1〕可欲：满足私欲的东西。

译文

不寻求那些满足私欲的东西，这样才能使民心不乱。

解析

　　这是唐太宗在立国之初对臣子说话的时候所引用的古代名言。正是依靠自古以来传承下来的节俭古训，唐朝才能够很好地吸取前朝奢侈腐败而亡国的教训，并建立了中国古代最繁荣的时代。

　　正是这种全民族共同的思想观念使得我们的民族无论是在风调雨顺的丰收年，还是灾害频发的饥荒年代，都能够渡过难关，避免我们伟大文明像其他古文明那样灭绝。今天，我们的物质财富已经比过去有了天翻地覆的巨变；但无论我们有多么富有，也不能忘记老祖宗给我们留下的宝贵精神财富。因为取得物质财富的成就无论多么大，也不能代替精神的财富。对于一个民族而言，其贡献于人类的最重要的东西不是物质财富，而是精神文明。

俭约自守　力戒奢华

139

惟俭可以助廉，〔1〕惟恕可以成德。〔2〕

——《宋史·范纯仁传》

注释

〔1〕惟：只有。

〔2〕恕：宽恕，宽容。

译文

只有节俭的习惯才可以帮助人树立廉洁的品行，而宽恕的品格则能够使人养成良好的美德。

解析

范纯仁是历史名人范仲淹的儿子，他和他的几个兄弟都受到父亲的深刻影响，尤其是在节俭美德的继承方面尤为显著。作为朝廷高官的儿子，范纯仁可以说是一个"官二代"，而且他自己也位居宰相高位。但由于父亲从小的严格要求，他不仅没有沾染官二代常有的骄横奢侈的毛病，还将范仲淹的节俭家风继续传承。从此之后，这个优良的家风代代相传，一直延续到今天。笔者曾经亲自考察过范仲淹迁居到四川德阳罗江的"范家大院"的范氏家族，并与其当代后裔的杰出人物多次交流。令人深为感慨的是，节俭的优良传统不仅保证了范家子孙后世为官清廉，而且使得这个著名家族不断繁荣兴旺。在中国，不仅范家是这样，从钱氏家族到曾国藩、梁启超等著名家族，都是依靠同样的古训世代延续。反观那些历史上的贪腐人物，无论他们在当时是如何的显赫一时，但最终却只落得遗臭万年的骂名。

> 欲贵者，〔1〕人之同心也。〔2〕……人之所贵者，非良贵也。〔3〕
>
> ——《孟子·告子上》

注释

〔1〕欲贵：想要富贵（的心理）。

〔2〕同心：共同的心理（欲望）。

〔3〕良贵：真正值得尊贵的。

译文

企求富贵，这是人的普遍心理。……但人们所希望得到的富裕和尊贵并不是真正值得宝贵的东西。

解析

孟子在这里剖析的正是如何对待财富欲望的重要问题，换句话说是如何对待人生目标与生存价值的重大问题。搞不清楚这个根本的问题，无数人的一生就只能纠结在这样的死结中不能自拔。

历史上许多人都认为儒家是"言义不言利"的，其实这并不十分准确。日本的涩泽荣一写了一部著作《论语与算盘》，他以"士魂商才"作为关键词来解读《论语》，从而影响了近代 100 多年的日本历史。该书的最大贡献正是辩证地理解了孔子的义利观，并结合当时日本的需要进行了创造性的融会贯通。

一箪食，一瓢饮，〔1〕在陋巷，人不堪〔2〕其忧，回也不改其乐。〔3〕贤哉！回也！

——《论语·雍也》

注释

〔1〕箪：圆形的竹篮。箪食：用竹篮盛装的食物，指粗劣的饭食。一瓢饮：用瓢舀的凉水。

〔2〕堪：能够（忍受）。

〔3〕回：孔子的弟子颜回。

译文

喝着凉水，吃着粗食，居住在最简陋的小巷子里面，一般的人都难以忍受这样艰难的生活，但颜回却不会因此而改变他追求仁德的志向。颜回真是贤德的人才啊！

解析

在孔子的72个贤能的弟子中，孔子最赞赏的就是颜回。孔子不仅曾经多次赞美这位年轻的弟子，而且在他死后还流露出无比伤感的痛惜之情。在这段话里，孔子就两次发出"贤哉回也"的感叹。在儒学史上不少儒家学者甚至对仁德象征的"孔颜之乐"展开了深入的讨论。作为一个"短命而死"的弟子颜回，为什么会得到如此高的评价呢？

其原因就在于他是最坚定、最持久地实现了儒家道德要求的理想人物。他不仅在日常生活中不顾艰难的环境，孜孜不倦地实践老师的道德修养主张，而且在最关键的时刻依然能够"枯槁不舍"地践行。在孔子周游列国最艰难的时候，其他的弟子都表示出对儒家主张在遭到世人反对时的动摇情绪，但他却依然表示了跟随老师的坚定信念与毫不畏惧的努力坚持。在颜回的身上完美地体现了"简朴生活，高超思想"的精神境界。在物质丰富程度大大超越过去的现在，颜回所代表的这种传统美德仍然值得我们代代发扬。

俭约自守 力戒奢华

饭疏食，〔1〕饮水，曲肱而枕之，〔2〕乐亦在其中矣。

——《论语·述而》

注释

〔1〕疏食：粗劣的食物。

〔2〕肱：手肘。枕：这里指（用手肘）"当作枕头"。

译文

（我）吃的是粗食，喝的是凉水，弯曲着手肘当枕头（休息），我也乐在其中。

解析

希望得到荣华富贵是人之常情，但儒家认为"君子爱财"必须"取之有道"。对于一个追求仁德的有道君子，最重要的东西不是身外之物的财富，而是内心的道德修养。其实不仅仅是儒家，古代的有德之士早就认为：人最值得追求的事有三种："太上立德，其次立言，其次立功"，即最高尚最有价值的事情首先是在道德方面有所建树（"立德"），所以，中华民族是将美好的道德视为最重要的事情。古圣先贤如老子、孔子、墨子这样的人物，尽管他们离开我们已经有两千多年，但我们今天依然在精神道德上受到他们的启迪。次一等的事情就是"立言"，也就是著书立说，让自己的精神财富与智慧流传后世。历代的经典之所以值得我们学习，就是因为其中的超越时空的智慧能给我们提供精神的营养。再次一等的才是建立事功——"立功"：秦皇汉武唐宗宋祖建立的盛世今天不仅值得我们怀念，而且也成为激励我们中华民族伟大复兴的巨大动力。

义，利也。〔1〕

——《墨子·经说下》

注释

〔1〕利：这里的"利"就是墨子"兴天下之利"的百姓利益。

译文

所谓义，就是兴天下之利。

解析

由于孟子说过"君子言义不言利"，所以许多人都认为儒家是不讲"利"的。但孔子就明确说"富与贵，人之所欲"，后来被发挥为"君子爱财，取之有道"。这才是准确的意思。

日本明治维新的著名人物涩泽荣一曾经写过一本著名的书《论语与算盘》，他的思想——尤其是书中的关键词"士魂商才"，对日本近代的现代化进程起到了巨大的推动作用（前几年最大面值的日元上的福泽谕吉头像已经被他所取代）。他从孔子的思想中提炼出来的这一思想精华今天依然有现实的指导意义。

不义而富且贵，于我如浮云。[1]

——《论语·述而》

译文

如果要靠取得不义之财来得到富贵生活的话，这种事情就像是天上飘着的浮云一样，对我来说是不现实的（我不会那样做）。

解析

孔子终身追求的"仁德"不仅对中国人产生了深远的影响，这种影响还辐射到东南亚甚至全世界——美国有一部名著叫《影响世界的 100 人》，其中就将孔子放在与耶稣、释迦牟尼等精神领袖同等重要的前几位，这充分说明了孔子精神的价值与世界性的影响。

在当代物质追求与享乐之风甚嚣尘上的时代，孔子与世界上具有重要影响的思想家、哲学家、宗教家一样，对于人类道德精神境界的提升仍然有着重要的价值。哈佛大学曾经有一门《幸福课》不仅在校园里面引起轰动，甚至风靡到中国和其他不少国家。其实，这个课程的设计者与讲授者的思想灵感就源于中国古代的老子、孔子等圣哲的思想，而其核心的理念则正是：幸福不是来源于物质财富，而是人内心的精神与道德。

俭约自守　力戒奢华

山不在高，有仙则名；水不在深，有龙则灵。斯是陋室，惟吾德馨。〔1〕

——刘禹锡《陋室铭》

注释

〔1〕馨：香气，特指传得很远的香气。

译文

山不在于大小高低，只要上面居住着神仙，就一定会有名气；水也不在于多少深浅，只要里面有龙，就一定会有灵气。我住的虽然是一间很简陋的屋子，但也有美德的馨香远布四方。

解析

中国古代的有志之士都提倡一种"简朴的生活，高超的思想"，这种精神境界从大禹、周公、老子、孔子、墨子至今一脉相传。放眼世界，从苏格拉底、第欧根尼一直到甘地、爱因斯坦，这些世界一流的伟人也无一不是这种精神境界的提倡者和践行者。

人性的弱点是永无止境的贪欲，世间许多恶性竞争和掠夺战乱都无不与之密切相关。甚至我们生存的地球环境也因为人类的肆意开发而受到不可逆转的破坏。在贪腐盛行、"炫富"时髦的今天，古今中外哲人的节俭思想值得我们认真地效仿。

我的朋友——比利时前驻华大使奈斯先生非常膺服中国古代墨子的节俭思想，他的夫人是昆明人，他们夫妻二人在山上承包了一块荒地，自己种植蔬菜、花卉和水果。目前在他夫人的家乡昆明近郊修建了一个中国特色的四合院。他们也在实践"极简生活"。

节俭不仅需要大力提倡，更需要努力践行。

财不足则反之时，〔1〕食不足则反之用。〔2〕

——《墨子·七患》

注释

〔1〕反之时：返回到季节时令上来。

〔2〕反之用：返回到节用上面来。

译文

国家的财物不足的时候，就要返回到适当的时令大力生产来弥补，食物不足的时候就更要强调节用。

解析

墨子所说的"财不足则反之时"这个政策，类似于"三年困难时期"我们用扩大"自留地"的方法种植蔬菜缓减饥荒一样，都是应对灾荒的一种有效的方法。墨子在这篇文章中还说：即使过去圣王的时代，也不可能年年丰收，也不可能避免发生洪涝灾害，但却可以防止大规模的饥荒，其原因就在于平时不误农时努力生产，而且还特别注意用度的节俭。所以如果仓库里面没有粮食储备，就不可以应付荒年；国库里面没有储备足够的武器装备，即使是"有义"也不能征伐"无义"。

历史上的宋朝曾经初期国势繁荣，但由于实行"重文轻武"的政策以及面对强大的外敌一味妥协退让的国策，在外敌的威胁面前一味退让，而骄奢淫逸的帝王权臣依然只顾享乐腐败，最后的结果就是在外敌入侵之下亡国。

炀帝恃此富饶，〔1〕所以奢华无道，遂致灭亡。

——《贞观政要·辩兴亡》

注释

〔1〕炀帝：隋炀帝。

译文

隋炀帝（继承父业）依仗国家富庶，所以挥霍无度，极尽奢侈之能事，终于国破家亡。

解析

不仅在中国历史上有无数像隋炀帝那样淫佚则亡的教训，在国外也有不少这样的例子。古代埃及曾经是周边最强大的国家，不仅具有高度的文明，而且也有丰富的物产。但是后期埃及的不少帝王却只顾自己的奢华享受，强大的埃及王朝也灰飞烟灭。罗马与奥斯曼帝国也都曾经强大一时，但最后也同样不复存在。

所以无论我们今天发展速度有多快、未来有多么强大，也不能忘记历史的这种教训，而必须珍视古代智者为我们提出的"俭节则昌"的名言，这样我们才能够永远立于不败之地。

俭约自守　力戒奢华

富贫众寡，〔1〕定危治乱。〔2〕

——《墨子·节用下》

注释

〔1〕富贫：使贫困的人富裕。

〔2〕定危：使动乱的局面安定。

译文

（治国的方法是）使贫困的人富裕，让危险的局面得到安定。

解析

一个国家的安危有许多影响的因素，但最根本的还是民心：如果国家和民众很贫穷，国内的贪污腐败又盛行，那么无论它的武力有多么强大，也难免走上覆灭的道路。

墨子的这个思想对于我们今天来说依然具有时代的意义：我们国家的物质财富已经有了巨大的进步，在综合实力不断增强的同时，我们的国防力量也远超过去；但我们依然面临着各种威胁，甚至在某种程度上说还有增无减。尤其是国内的贪腐还没有得到制度层面的彻底解决。在这种情况下，老祖宗给我们留下的增强国家实力(以实力求和平）和勤劳节俭的光荣传统依然值得我们大力发扬。

以廉律己，以勤治事，[1] 以公处人。[2]

——《曾国藩家书》

注释

〔1〕治事：治理政事和日常事务。

〔2〕处人：处理人际关系。

译文

以廉洁的原则要求自己，用勤勉的态度做好工作，凭公心来处理人际关系。

解析

联系到社会上的许多矛盾纠纷，我们可以明显地看出，正是违背了上述原则所以才有那么多的纷争：许多人在经济上要求别人非常严格，自己却大手大脚——尤其是掌握权力金钱的人最容易犯这样的错误。干工作的时候也是对别人喜欢指手画脚，自己却贪图安逸无所事事。此外，"裙带风"也是造成许多事情复杂化的重要原因：对自己与自家亲属或"关系户"大多纵容包庇，所以很难以公心来公正地处理问题。许多社会问题之所以由小变大、日益复杂，其原因就在于一开始就没有得到公平的处理，然后一个错误就会用更大的错误来掩盖，以至于问题像雪球一样越滚越大，甚至造成社会的动荡。

俭约自守　力戒奢华

安贫乐道。〔1〕

——《晋书·儒林传》

注释

〔1〕安贫：安于贫贱的环境。

译文

在贫贱的环境中追求自己的理想。

解析

安贫乐道之所以被中国人视为崇高的品格，就是因为孔子、孟子等一系列圣贤为后世作出了极好的榜样，这种理想同样也影响了普通的中国人。

在历史上有一个真实的故事：一个有亲属在京城做高官的人家与邻居发生了地界的纠纷，于是写信到京城，希望得到家中这个"硬后台"的支持。哪知道他们得到的回信上只有一首诗："千里修书只为墙，让他三尺又何妨？万里长城今犹在，不见当年秦始皇"。家人看了书信大为惭愧，于是主动找到隔壁邻居，表示自家决定让出争执的三尺地。邻居一看也非常感动，同样让出了自己的三尺地界。从此以后，这个"六尺巷"就一直成为以谦让的态度来解决邻里纠纷的著名故事；这个地方如今已经成为一个著名的景点，今天的人们走到这个地方都常常会产生非常深刻的感悟。

不贵〔1〕难得之货。〔2〕

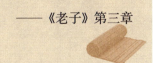

—— 《老子》第三章

注释

〔1〕贵：以……为贵，即看重。

〔2〕难得：昂贵、稀有。难得之货，指昂贵稀奇的物品。

译文

不要去追求那些昂贵稀奇的奢侈品。

解析

在炫富盛行、奢侈品畅销的时代，我们今天来重温老子的这个教诲实在是很有现实的针对性。不过对于这种看法，我们首先要辩证地看待。有人说正是因为有了人类的欲望刺激的竞争，才使得历史上出现技术与科学的进步，所以老子"使民不争"的思想是阻碍社会进步的。

一方面，老子的确是说过"有机事者必有机心"（运用机械来劳作的人一定具有投机取巧的心理），所以要回到"鸡犬之声相闻，民至老死不相往来"的原始社会。但另一方面，老子警惕人类过分的欲望带来的无穷灾难也是我们不能不深刻认识的。科学与技术的发展的确极大地推动了人类的进步，但对自然无止境的索取带来的环境破坏等灾难也使得我们深刻反思；尤其是在贪欲对人的精神道德不断产生心灵腐蚀的今天，老子"不贵难得之货"的警句是一剂良好的清醒剂。

圣人去甚，〔1〕去奢，〔2〕去泰。〔3〕

——《老子》第二十九章

注释

〔1〕甚：极端。

〔2〕奢：奢侈。

〔3〕泰：过分。

译文

圣人去掉极端的欲望，奢侈的享受，也不提过分的要求（而只是专注于精神道德的追求）。

解析

追求名利是人的天性，只要是能够正确的把握方向与尺度，这种合理的追逐的确可以激发人的创造性，也能够造福人类。然而，如果不能把握正确的尺度分寸，就会被金钱物欲蒙蔽了双眼，在极端利欲的刺激下走向歧途。

然而，与熙熙攘攘奔走谋利的一般人相比，另外一些人尤其是古今中外的科学家、哲学家和精神道德出类拔萃的杰出人物，他们却为我们作出了极好的榜样：苏格拉底一生都过着简朴的生活，却以孜孜不倦的探索精神成为西方首屈一指的大哲学家，其思想一直影响人类两千多年；诺贝尔终生致力于科学的探索，最后将自己的全部财产捐赠出来设立"诺贝尔奖"，以此成就了大量对人类作出了杰出贡献的人物；爱因斯坦是人类最伟大的科学家，本来他有丰厚的收入可以过上奢侈的生活，但他却认为人最值得奉献全部生命的是科学和精神的探索。

物质的享受只能满足人暂时和有限的需求，只有精神与道德的追求才具有无穷的价值。佛教史上有一个著名的"公案"故事能为我们提供深刻的启示：有个和尚每次打坐的时候都会在恍惚中看见一只蜘蛛，高僧告诉他：下次看到蜘蛛的时候就画个圈把它困住，问题就解决了。和尚照此办理，结果蜘蛛真的就跑掉了，自己也安然入定。可是当他出定之后，赫然看见自己肚子上有一个大大的圆圈！

原来所有的烦恼都不是外在的，而是在自己的身上！

俭约自守　力戒奢华

胜人者有力，〔1〕自胜者强。

——《老子》第三十三章

注释

〔1〕胜人：战胜别人。

译文

能够战胜别人的人只是强壮有力而已，能够战胜自我的人才是真正的强者。

解析

有句名言叫"自己是最大的敌人"，因为面对自然界或者是他人的挑战，一个人往往可以爆发出惊人的能量，最终激发潜能将困难战而胜之。可是在面临人性弱点的时候，人常常会在贪欲面前丧失自我。

中国古代有一个著名的"纸上谈兵"的典故，说的就是赵国著名将军赵奢的儿子赵括。这个家伙非常聪明，平时和父亲谈论兵法产生争论时，他的父亲常常辩不过他，赵王因此要让他作为将军领兵作战。赵括的母亲坚决反对这个任命，赵王感到很奇怪，就让他的母亲说说原因。赵母回答到：我虽然不懂兵法，但常听他父亲说儿子只会夸夸其谈，带兵打仗一定会吃大亏。还有，他的父亲对待士兵非常和蔼，战士生病了甚至亲自喂药；大王赏赐的东西也都分给将士们。而赵括平时对人却趾高气扬，并且尽量将财物拿回家里。所以我知道他不能做将军。赵王没有听从母亲的话，依然坚持让他领兵出征。最后赵括果然让赵军遭到巨大的失败，自己也身败名裂。

烦恼即是菩提。〔1〕

——《六祖坛经》

注释

〔1〕菩提：佛教专用词汇"觉悟"，即从凡夫俗子的见识提升到觉悟佛教真谛而得到解脱的境界。

译文

（一个人）觉悟之后烦恼也就立刻上升成为觉悟解脱的境界。

解析

《坛经》是中国佛教著作中唯一被称为"经"的著作（其他则称"论"或"疏"），因为它是佛教中国化的典型标志。《坛经》原文完整的表述为："凡夫即佛，烦恼即菩提；前念迷则为凡夫，后念觉则成菩提。"意思是说：凡夫俗子也就是佛，烦恼痛苦就是菩提解脱。前一刻迷惑就是凡夫，后一刻觉悟就达到了菩提觉悟而成佛的境界。

有这样一个最典型的案例：世界上最著名的富翁洛克菲勒财富曾经一度达到美国GDP的3%！但一次却因为要紧急投保150美金，竟然生了一场大病。医生告诫他说：你这次之所以生病，是因为过分紧张，还有过分贪婪、过分焦虑。长此以往，你很可能命不久矣！此后他痛定思痛，悟到了钱财是身外之物的道理，此后他开始了慈善事业。他也因此长寿。在他写给自己孩子的信中说：能给你们一生带来幸福的不是金钱，而是完整的人格、强大的内心和良好的生活习惯。

大禹之周乘四载，过门不入，墨子之摩顶放踵，〔1〕以利天下，皆极俭以奉身，〔2〕而极勤以救民。

——《曾国藩家书》

注释

〔1〕载：水陆出行工具，四载，泛指各种车船等。摩顶放踵：摩顶，磨光了头发。放踵，脚后跟被磨破。形容极为艰苦的辛劳。

〔2〕奉身：对待自己。

译文

大禹为了治理洪水，乘坐车船等各种工具，三过家门而不入，墨子为了解救天下摩顶放踵，以毕生精力造福天下。这些人都是生活极为简朴，却勤劳一生来为老百姓操劳谋福利。

解析

大禹在中国历史上是第一个普遍受到称颂的人物，其治水救民的事迹几千年来一直被世代传扬。庄子认为墨子的主张不能够拯救天下，但却极力赞美墨子是"真天下之好也！"孟子在思想上反对墨子的观点，但正是他赞颂墨子"摩顶放踵"的名言流传了两千多年。曾国藩作为受到毛泽东和蒋介石共同欣赏的一代名臣，将大禹和墨子当作自己一生佩服和效仿的伟人，并将他们"简朴"的优点作为自己的重要家训，用以教导自己的家人。正是这样的良好家训，使得曾氏家族历经近两百年依然人才辈出，成为近代以来对中国作出了特殊贡献的著名家族。

俭约自守　力戒奢华

　　反观历史上的许多显赫一时的人物，尽管他们曾经不可一世，然而由于他们和自己的后人依仗权势胡作非为，最后只能身败名裂，成为历史的笑柄。比如著名的暴君周厉王，他极端的贪婪暴虐，还不许老百姓批评，面对劝谏他的大臣甚至还为自己能够"止谤"（抵制对他的批评）而自以为得意，其最后的结局就是被国人流放。

君子之道也，贫则见廉，[1] 富则见义。

——《墨子·修身》

注释

〔1〕见：同"现"，表现，展现。

译文

君子的为人处世之道就是：贫困的时候要体现出廉正高洁的品质，富贵的时候则要表现出正直与道义。

解析

人性的弱点是自私，一般的人都想付出少而得到多，正是这种无穷无尽的贪婪造成了人世间的许多争斗与祸乱。这并不是说人不应该有正当合理的欲求，而是说对于永不满足的欲望要学会控制。大自然的规律是"损有余而补不足"，人如果学会了遵循这个自然之道，就会正确地对待财富地位这些身外之物。

反之，如果在物欲面前经不起诱惑，就会迷失自我甚至走向自我毁灭的歧途。作者曾经在山东滕州的监狱里与一些犯人有过直接的交流，一位过去曾担任过教育局局长的罪犯深有感触地说："我参加了监狱举行的用墨子节俭思想改造罪犯的活动之后，有了很深的感触和体会。反思自己因为贪婪走向犯罪道路的经历，我深深的后悔：如果自己早一点学习墨子的思想，可能就不会对金钱那么过分贪婪，也就不会走上犯罪道路了。"

老子曾说过："与人而愈有"，就是说一个人不计较利益得失，

俭约自守　力戒奢华

将自己所拥有的东西奉献给别人即社会大众,这样他反而会得到越多东西——永远的、泉水一般不断涌现的精神财富。古代哲人的名言值得我们时时铭记。

有力者疾以助人，〔1〕有财者勉以分人，〔2〕有道者劝以教人。〔3〕

——《墨子·尚贤下》

注释

〔1〕疾：快速，赶快。

〔2〕勉：勤勉，努力。

〔3〕劝：勉力，尽力。

译文

有力量的人要赶快帮助别人，有钱财的人要竭力去救助他人，有道德的人则应该尽力地去教育世人。

解析

在这个世界上，不少人抱着"各人自扫门前雪，休管他人瓦上霜"的态度，他们只希望自己有需要的时候别人来帮助他，却不知道自己也应该主动的帮助别人。今天之所以有那么多不公平的事情发生，除了造成事件发生始作俑者的原因之外，还与这种"事不关己高高挂起"的人太多有直接的关系。

第二次世界大战之后，清醒的德国人曾经这样反思战前自己的行为：面对希特勒的一系列暴行发生的时候，我们都没有及时地表示自己的反对意见，自己当时的想法是，打砸犹太人商店的事情发生了，但因为我不是犹太人，所以无论反犹暴行多么令人不齿，也跟我没有关系；"国会纵火案"发生的时候，我不是共产党员，所以也和我没关系；可是等到事情危害到我自身的时候，因为同样与别人没有关系，所以也就没有人能够帮助我。最后，德国人对希特勒的纵容态度终究祸害了自己。

君子无终食之间违仁，〔1〕造次必于是，〔2〕颠沛必于是。〔3〕

——《论语·里仁》

注释

〔1〕终食：吃一顿饭的时间。

〔2〕造次：仓促，匆忙。

〔3〕颠沛：颠沛流离。

译文

真正的君子任何时候也不会违背仁德：紧迫之时是这样，颠沛流离的时候也是这样。

解析

古今中外有德行的人，当他们面临社会上的不公正现象发生的时候，无论事情是否与自己有关，他们都能够勇敢地站出来为真理大声疾呼。从苏格拉底、墨子到罗素、爱因斯坦，他们都是这样的大无畏榜样。历史上的范氏家族之所以绵延千年，也是与范仲淹的无私品格有直接关系：在做了高官之后，有一次别人给他推荐了一块"风水宝地"，劝他赶快买下来给子孙作田产。他微笑着回答：既然这块地风水那么好，为什么不用来盖学校呢？后来他买下这个地块办了一个"义塾"：不管是不是范家的子弟都可以免费在此读书。

如果今天有更多的人践行苏格拉底、爱因斯坦、墨子、范仲淹这种人的主张，我们这个世界将会减少许多罪恶，产生更多的温暖。

俭则寡欲。君子寡欲则不役于物，〔1〕可以直道而行。〔2〕

——司马光《训俭示康》〔3〕

注释

〔1〕役：使役。役于物：被外物支配。

〔2〕直道：走正道。

〔3〕康：司马光的儿子司马康。

译文

一个人学会了节俭就会清心寡欲。有道德的君子能够清心寡欲就不会被外物支配，这样就可以心无旁骛地坚守正道。

解析

古代有很多曾经显赫一世的大家族都早已经灰飞烟灭；然而，同时却有另外极其少数的家族能够跨越几百年甚至上千年而绵延不绝。对比二者，人们发现一个共同的规律：后者往往都是能够恪守良好道德，尤其是有节俭家训的家族。除了颜氏家族、范式家族、曾氏家族之外，近代的著名学术大家族比如梁氏家族、钱氏家族、陈氏家族等，同样也是坚守了这样的古老家训。

对于一个人尤其是官宦富豪之家的人来说，由于从小常常娇生惯养，子女最容易养成纨绔子弟的恶习。所以人们常说"富不过三代"。20世纪80年代白手起家的那些最先富起来的家庭，现在其中的绝大多数都已经不存在了。尤其是凭借不正当手段富起来的，几乎都不能长久。

在当代的贪官中，我们也发现不少这样的例子：本来他们一些人是出身农家，自己在奋斗的初期也都能够保持勤劳节俭的好习惯。但当他们一步一步升上高位之后，却忘记了自己的过去，在权力和金钱的腐蚀下逐渐养成了贪腐的恶习，在错误的道路上越走越远，最终落得身败名裂的下场。

闻伯夷之风者，〔1〕顽夫廉，〔2〕懦夫有立志。〔3〕

——《孟子·万章下》

注释

〔1〕伯夷：商朝的贤明大夫。风：风尚、节气。

〔2〕顽夫：冥顽不化的人。

〔3〕有：能够。

译文

伯夷叔齐坚守节操的事迹，可以让冥顽不化的人也受到感化而廉洁正直，让懦弱胆小的人坚强起来树立远大志向。

解析

孟子的这个话说明了榜样力量的巨大。在历史上这样的案例是非常多的，在《世说新语》中甚至还记载了一个因道德感化而制止了侵略的故事：荀巨伯有一个远方的好朋友病重了，他不辞辛劳赶到朋友家中去慰问。这个时候正好遇到北方少数民族的军队强力攻城，城中的许多老百姓都逃走了，但荀巨伯不顾朋友的劝说毅然留了下来。敌军入城之后发现了他，感到很惊讶，带队军官也很好奇怎么会有这么大胆的人。于是跑来问他：全城的人都逃光了，你为什么还留在这里？荀巨伯镇定地回答道："我的朋友得了重病，正是需要照顾的时候，我怎么能丢下朋友自己逃命呢？那样还算朋友吗？"这位统兵将领听了他的这番话之后，大为感慨地说："我们真是野蛮的人攻打了有道德的人，在他们面前我们还有何脸面呢？"

于是下令马上撤军。荀巨伯以自己的大无畏牺牲精神拯救了全城的
百姓。

食前方丈，〔1〕侍妾数百人，〔2〕我得志弗为也。

——《孟子·尽心下》

注释

〔1〕方丈：一丈见方，指宽大的桌子。

〔2〕侍妾：服侍的女仆。

译文

吃饭的时候宽大的桌上摆满了山珍海味，服侍生活的侍妾多达数百人，我即使富贵发财了也不会这样做。

解析

在中国历史上，孟子"威武不能屈，富贵不能淫"的名言曾经激励过无数的仁人志士。孟子不仅是这样说的，更是这样做的。在当时，他本来可以凭借自己的思想与智慧轻易地获得巨大的财富，当时也的确有国君要如此赏赐他。但都被孟子拒绝了。

孟子曾经对于自己的志向有这样的夫子自道：人生最大的"三乐"是："父母俱在，兄弟无故"；"仰不愧于天，俯不怍于地"；"得天下英才而教育之"。意思就是说，人生有三件最值得高兴的事：父母都健康地活着，兄弟们也都很好；抬头望天、低头看地都问心无愧；能够将自己的智慧与知识培养教育那些青年才俊。这几件事是人生最大的快乐。他甚至认为哪怕是做天下最有权势财富的国王也比不上这样的幸福快乐。

但对于很多人来说，金钱、美女、权势才是最值得拥有的，殊不知一个人如果过分的追求这些外在的物欲，最终的结果往往是事与愿违。社会学家作了大量的调查，结果发现许多富翁并不幸福，他们的烦恼常常比普通人更多。老子早就说过："知足之足常足（只有内心宁静，知道自我满足的人才是真正富足的人）。"

俭约自守　力戒奢华

克勤于邦，〔1〕克俭于家。〔2〕

——《尚书·大禹谟》

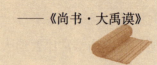

注释

〔1〕邦：同"国"，国家。

〔2〕克：能够。

译文

对于国家和家庭，都要保持克勤克俭的态度。

解析

作为中国历史上著名的成语，"克勤克俭"就是出自这个远古的舜禹时代典故，大禹为了天下苍生治理洪水"三过家门而不入"，也作为千古佳话流传至今。在历史上，"禅让"同样也成了政权仁慈过渡的典范。

其实，当代考古发现的多处遗址已经证明：远古时期充满了血腥的战争，"三代"政权的过渡同样充斥着大量的杀戮。但正如孟子所说的那样：尧舜这样的圣君其实并没有人们传说中的那样完美，桀纣也没有像传说中的那样从来没有干过一件好事。只是因为他们成为了圣人和暴君的典型，所以人们就将所有的好事与坏事都往他们身上堆。

话虽然说得有点绝对，但道理却是很深刻的。所以一个人在道德修为上一定要小心：无论人前人后都必须严格要求自己。儒家之所以要强调"慎独"，道理也就在这里。

作德，心逸日休；[1] 作伪，心劳日拙。[2]

——《尚书·周官》

注释

〔1〕作德：修养品格。心逸：坦然，安逸。

〔2〕拙：窘困，狼狈。

译文

一个人德行良好，就会内心坦荡，问心无愧；反之，如果奸诈巧伪，则会窘困不安，惶惶终日。

解析

老子曾说，天道是善待万物一视同仁的，天长养万物，没有偏私。墨子认为天兼爱万物，不分贵贱。而"人道"常常颠倒了天道，所以祸患无穷。一个人是否遵循天道，也决定了他生活得是否幸福。比如"水善利万物"，这也是一种天性；人如果秉持水的德行，造福天下所有的人，就会无往而不利，反之损人利己，那就违背了天道，必然受到惩罚。

不仅中国人是这样，而且世界上的各个民族都有这样的共同道德要求：《摩西十诫》之一就是，不许贪恋别人的妻女财产，伊斯兰教、佛教也都同样要求人与人友善相处，都要人们尽自己的能力帮助他人。这些共同的道德要求不仅成为提升人类精神道德的灯塔，同时也成为世界和平的重要保证。

反之，正是人的无止境欲望与人类社会的恶性争斗造成了无数的祸害甚至战争。正因为如此，当代"和平学之父"约翰·加尔通甚至认为，人的道德提升不仅关乎人的精神境界，而且关系到世界的和平。当代和平主义的这个新的认识，使得我们对人类传统美德的价值有了更加深刻的认识。

取之有度，〔1〕用之有节，〔2〕则常足。

——《资治通鉴》

注释

〔1〕度：分寸、尺度。

〔2〕节：节制。

译文

如果收取赋税有节制，使用劳力很适度，那么一个国家的财富就会充足。

解析

先秦时期的墨子也曾经说过同样的话："以其常正，收其赋税，则民费而不病。"意思就是说，如果国家征收的赋税是正常合理的，那么老百姓虽然会有人力物力的耗费，老百姓也不会感到难以忍受。世界上几乎所有的政府都是要征收赋税的，这是国家建设的基本需要。但正是赋税征收的数量和程度的差异造成了不同国家人民的生活水平与幸福指数的巨大不同。

所以，如果赋税的征收超出了合理的范围，甚至不顾民生疾苦横征暴敛，那就会激起老百姓的不满甚至反抗。历史上的不少帝王就是这样倒台的。

古代是这样，今天仍然是同样的道理。

俭约自守 力戒奢华

量腹而食，〔1〕度身而衣。〔2〕

——《墨子·鲁问》

| 注释 |

〔1〕量腹：根据肚子的大小（吃东西）。

〔2〕度身：依据身材的需要（穿衣）。

| 译文 |

（我）根据肚量吃饭，依据身材大小穿衣（只要温饱就行了，而不需要什么额外的赏赐）。

| 解析 |

这是墨子在越王要赏赐他五百里封地的时候说的话。墨子虽然出身"农与工肆之人"，但他的学说却受到当时不少国君的喜爱，越国的国君想请他作高官，还要给他封地。墨子前来对传达这个命令的使者说：如果越王真的想要实行我的主张，那我可以帮助他。但我不需要什么高官厚禄，如果是那样的话，我就是在售卖我的思想了，如果要卖的话我就在家乡鲁国出卖好了，何必跑到你越国来呢？

一般的人以财富名誉作为追求的对象，而道德高尚的人则以精神道德为终身追寻的目标。物欲的追求没有止境，这种无休止的追求甚至会带来无数的灾难，如果贪得无厌的人不幸掌握了权力，那就会造成更大的祸害。爱因斯坦曾经说过："但愿那种促进阿尔弗雷德·诺贝尔设置巨额奖金的精神，那种人与人之间的信任和信赖的精神，宽大和友好的精神，在那些决定我们命运的人心里会占优势。不然，人类文明在劫难逃。"

圣人欲不欲，〔1〕不贵难得之货。〔2〕

——《老子》第六十四章

注释

〔1〕欲不欲：以没有欲望作为欲望。

〔2〕难得：稀奇奢侈的东西。

译文

圣人将没有欲望作为自己最大的欲望，而绝不会去追求那些世人看重的奢侈物品。

解析

《聊斋志异》中曾经描写了一个这样的故事，读来深有启发。说是有一个乡下老人姓白，生了两个儿子，老大通过科举考试做了县令，老二却仍然在家里种田。有一天晚上，老人梦见自己的大儿子因为贪得无厌被打入地狱，还被敲掉了门牙。

于是，他赶快叫小儿子带了他写的信过去，想劝阻儿子不要作恶。小儿子匆匆忙忙赶到县衙，又将父亲梦见的场景给他说了，还劝阻他说："父亲要是看见你收受这么多不义之财，会气得发疯！你还不赶快收手。"

哪知道哥哥却理直气壮地对他吼道："你住在乡下，哪里知道官场上的人情世故？官场上的人都是这样的！"弟弟看见劝阻无效，没有办法，只得自己伤心地离开了。

后来白县令外出时候遇见了强盗，他赶快拿出银两想要赎命，强盗对他说:"我们是代表百姓来取你狗命的!你的银子也不好使。"最后他落得个死于非命的下场。

故事的情节有些荒诞,但是道理却是深刻。

积善之家，必有余庆；[1] 积不善之家，必有余殃。[2]

——《易经·坤卦文言》

注释

〔1〕余庆：更多的吉庆。

〔2〕殃：灾祸。

译文

积累了很多善行的家庭，必然会得到更多的吉庆；而积累了许多恶行的人家则会遭遇到更多的祸害。

解析

老子也曾经说过："圣人不积。既以为人，己愈有；既以与人，己愈多。"意思就是说：有道德的圣人是不为自己积累的，但他反而会得到更多；他给予别人的越多，自己也就更加富有。讲的也是与《易经》同样的道理。为什么给别人越多自己反而会更富有呢？这不仅是说这样的人会得到更大的能量、更多人的支持；更是指他会在精神上会更加富有。有形的财富会消失，但精神的力量却会永存。

老子希望自己变为一个"愚人"。爱因斯坦说：自从我变成名人之后，就越来越蠢了。甘地在得到整个文明世界的关注，并获得"圣雄"的称号之后说："这个称号常常使我陷入痛苦，并且在我的印象中，也从来没有给我带来片刻欢愉。"然而正是这样，今天我们仍然还以他们为榜样，并从他们的智慧中汲取无比的营养。这就是"与人而愈有"。

计余食之几何，[1] 固无患于长贫。[2]

——苏轼《菜羹赋》

注释

〔1〕余食：剩下的食物。

〔2〕患：担忧，担心。

译文

看看剩下的食物还有多少，我根本不用担心没有吃的（因为山上的野菜很多）。

解析

《菜羹赋》是苏东坡在被贬谪海南岛之后最为饥寒交迫时写的最达观的诗，充分展现了这位"穷且益坚"（越穷困志向越坚定）的诗人的高洁志向和庄子式的豁达精神。

诗人在文章中写道：菜蔬随开水而翻滚，就煮成了酥烂的浓汤，实在是清醇甘美。盛入盘碗奉上，准备好勺子筷子，消磨暮霭和晨光。菜羹鲜美的气味引得人嘴里唾液涌动，吃起来好像是与牛、羊、猪和鱼肉同样的美味。

正是因其具有这种高洁品格，他受到历代人们的广泛赞誉。其实不仅苏轼是这样，不论先秦时期的中国哲人，还是世界上其他国家的思想家、哲学家、宗教家：孔子、墨子、老子、庄子、孟子、荀子与苏格拉底、释迦牟尼、甘地、爱因斯坦等人，这些世界上第一流的人物无一不是在精神上孜孜不倦寻求的伟人与智者；他们帮助了无数的人，直到今天我们依然受益于他们的思想智慧和精神力量。

窃比予于谁钦？葛天氏之遗民。〔1〕

——苏轼《菜羹赋》

┃注释┃

〔1〕葛天氏：上古神仙。

┃译文┃

（我虽然现在饥不果腹），但却感觉像古代山中的神仙一样（心灵自由）。

┃解析┃

作为一个"上可陪玉皇大帝，下可陪卑田院乞儿"的千古未有之人，苏轼一生由于正直无私、坚持真理而屡受迫害，但终其一生他却从来不向命运低头。通过这首诗我们可以看到：在这种贫病交加的日子里，诗人虽然食不果腹，却依然展现了一种内心的高洁精神境界，他居然能够将最穷困的日子活出了神仙式的光景。在一般人最不堪忍受的境况下，闪现出的却是伟大诗人的风范怀抱。读《菜羹赋》的时候，我们眼前情不自禁地就会浮现出诗人的身影，也自然而然地感动于诗人不同凡响的心灵境界。

俭约自守　力戒奢华

185

慈故能勇，〔1〕俭故能广。〔2〕

——《老子》第六十七章

注释

〔1〕慈：仁慈。

〔2〕广：富裕，指精神富有。

译文

一个人仁慈就能够勇敢，节俭则可以精神富有。

解析

为什么仁慈的人能够勇敢？因为仁慈的人胸怀天下，能够得到天下人的拥戴，所以最有力量、能成为最勇敢的人（无私者无畏）。但在现实生活中，一些掌握了权力的人却最容易犯颐指气使、挥霍浪费的错误：因为花的不是自己的钱，所以很容易大手大脚，对于那些"一把手"更是如此。这里我们来看两个对比鲜明的例子。

河北某大学校园大门前曾经发生过一个轰动全国的交通事故：李某驾驶豪车撞了人，但他不仅没有停车，反而继续横冲直撞。当他的车被交警和愤怒的群众逼停的时候，还大声的狂吼："我爸是李刚！"原来这位李刚就是当地公安局的领导。

与这些人形成鲜明对比的是彭德怀这样的榜样：一次在海防沿线视察工作，午餐的时候部队的领导要给他单独安排伙食，但彭德怀坚持与战士们一起吃饭。前后对比，前者遗臭万年，永远受到世人的唾骂，后者则受人世代怀念、永垂史册。

忘口腹之为累，〔1〕以不杀而成仁。〔2〕

——苏轼《菜羹赋》

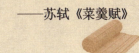

注释

〔1〕口腹：饭食。累：拖累。这里是用东汉闵叔仲的典故。

〔2〕成仁：成为仁者。

译文

忘记口腹之欲，以不杀生而成为仁人。

解析

在陈述自己安于清贫生活的志向时，诗人引用了不少古代坚持自己节操的名人故事，其中一个典故就是东汉时期的闵叔仲。当他寄居安邑的时候，因为自己很穷，每次只能买一片猪肝。卖肉的人不愿意，县令却钦佩他的为人，下令屠夫必须保证他的供应。他知道了以后就离开了安邑，还说：我怎么能够因为自己的口腹之欲而连累别人呢？

古今中外第一流的人物都将精神道德的追求放在第一位，而把物质的享受看得很淡。早在两千多年以前，东西方的哲人就不断告诫人们要防止贫富不均带来的社会问题，警惕过分的奢靡对人类道德的侵害。相对于追求学问、艺术、精神道德，物欲的贪求不仅是低层次的，而且往往会将人引向不可自拔的泥潭。

筚路蓝缕，〔1〕以启山林。〔2〕

——《左传·宣公十二年》

注释

〔1〕筚路：筚，荆条。路，车。即荆条编的柴车。蓝缕：破烂的衣服。

〔2〕启：开辟。

译文

赶着柴车，穿着破烂的衣服去开辟山林，开创事业。

解析

在古今中外历史上，无论是个人的创业还是一个国家新时代的创立，其前期无一不是充满了艰辛。但是，每当创业成功之后，开拓者创下的基业却很容易在后人懈怠荒忽中很快丢失。我们国家的经济实力已经有了极大的增长，但与此同时奢侈贪腐的问题也在增加，并由此带来了很大的负面影响。

有一个城市准备引进外资的设备和投资，一切都谈好了，于是当地的市领导非常高兴地宴请外宾吃饭。可是当外商看见桌上的山珍海味之后，马上表示所谈的合同作废。市长一听傻眼了，赶忙问这是为什么。外商的一席话让他们所有在座的官员目瞪口呆。外商说："我在这里投资是看好这里的各种良好条件，也是对你们的信任。可是你们花钱这样大手大脚，我对投到这里的钱还能够放心吗？"

这些年在大力反腐的浪潮下，情况已经有了很大的好转，但是如何通过制度的建设彻底遏制铺张浪费的势头，还有待于我们不断努力。

《殷书》〔1〕曰："汤五年旱"，此其离凶饿甚矣，〔2〕然而民不冻饿者，何也？其生财密，〔3〕其用之节也。〔4〕

——《墨子·七患》

注释

〔1〕《殷书》：即《商书》（商代的历史著作）。

〔2〕离：离即"罹"，遇到，遭遇。离凶：遭遇很大的灾祸与饥荒。

〔3〕生财密：产生、积累财富的方法非常多。

〔4〕用之节：在使用财富方面非常节俭。

译文

《商书》上说，"商朝遭遇了五年的旱灾"，这就是说遇到了巨大的灾荒和饥饿。但当时却没有发生大量挨冻受饿的情况，这是什么原因呢？不就是因为平时注重农耕，所以生产和积累的财富多，而且也十分注意节俭啊。

解析

墨子不仅关注普通百姓的生活，而且非常注意总结历史的经验（墨子有"三表法"，其中第一条就是"上本于古者圣王之事"），而古代圣王的一个重要经验就是发展生产、厉行节俭。墨子还说过，有七年洪水的大禹时代却没有大的灾难，就是因为"其力时急，而自养俭也"（农业耕作非常用力，而且又非常注意节俭）。

这种思想不仅是基于他的平民立场，也是总结历史教训得到的结果。而他的目的都是为了"兴天下之利，除天下之害"。结合上述墨子的论述我们可以明显看出，他的节俭主张是与"生财密"相结合，也就是我们今天说的"开源节流"：即一方面大力注重农业耕作，另一方面则注重厉行节俭。这种立场也典型的体现了墨子作为"农与工肆之人"代表的平民利益。

墨子不仅在思想理论上大力提出节俭的主张，而且在行动上孜孜不倦地实践自己的主张。《庄子·天下》篇说墨子"栉风沐雨""形劳天下"（以狂风来梳头，用雨水来沐浴，为了大众奔走天下），尤其是墨子"行十日十夜"从鲁国奔赴到楚国，并成功的制止了楚国攻打宋国的战争企图，这个壮举更是为世人留下了千古美名。同时墨子也告诫弟子要厉行节俭，不要贪图高官厚禄：一次，墨子推荐自己的弟子胜绰去给将军项子牛做副手，但这位学生却在将军"三侵鲁地"的时候都跟随而不加劝谏，墨子就批评他是"禄胜义"，即为了利益而背叛道义。

合其志功而观焉。〔1〕

——《墨子·鲁问》

注释

〔1〕志功：动机与效果。

译文

（判断一个人的思想）要将动机与效果结合起来考察。

解析

世界上有许多事情往往都有动机与效果不相符合的地方，在节俭的问题上情况也常常是这样：在口头上许多人都高喊要节俭，但在实际上有时候叫喊得越是厉害的人，行动上却是贪腐的典型；正如国际上某些嘴上高呼"和平"的人，往往却是极端的暴力实践者。所以墨子要专门提倡将动机与效果结合起来观察。

墨子这种动机与效果结合的判别标准今天依然值得我们遵循。在厉行节俭的问题上，口头上表示要节约，而在行动上则大手大脚的人比比皆是，尤其是一些领导干部如此行事，其社会危害更大；就像在反腐的问题上一样，他们口头上大讲反腐的重要性，而在暗中则收受贿赂，这种隐藏的腐败分子不仅败坏了党的优良作风，而且对社会造成了极大的危害和恶劣的影响。所以我们只有将墨子的动机效果结合的思想运用在社会实践中，才能真正地将我们的传统美德落到实处。

足国之道，〔1〕节用裕民而善藏其余。〔2〕

——《荀子·富国》

注释

〔1〕足国：使国家富足。

〔2〕裕民：使百姓富裕。其余：指粮食之外的其他物资。

译文

使得一个国家富足的方法就是：藏富于民，厉行节俭，还要将一切利于国计民生的财物都进行很好的储备。

解析

在古代一讲到国家的富足，一般人常常想到的都是国库的储藏富裕，但荀子却明确的主张要"裕民"，这种眼界大大超过了一般的思想家。由于古代的各种限制，要做到这一点是非常困难的，所以在一般情况下也不容易体察到这样做的好处。但在当代发生的亚洲经济危机中，韩国却给全世界展示了藏富于民的巨大好处。

在亚洲金融危机发生之后，国家的财政陷入了极大的困境，在这种情况下，韩国的老百姓显示了极大的爱国热情：许多家庭将自己家中的积蓄贡献出来支援国家，为此大量的妇女更是将自己的金银首饰变卖。这种罕见的全民动员力量使得韩国很快就度过了金融危机。

所以，一个国家的富裕不仅仅是政府主持的国库储存的财富巨大，更是要看老百姓手头是否财物充足。

攻苦食淡。〔1〕

——《史记·刘敬叔孙通列传》

注释

〔1〕攻苦：致力于艰苦的事情。食淡：吃清淡寡味的食物。

译文

致力于艰苦的事情，吃清淡寡味的食物（即辛勤劳作，日子过得很艰苦）。

解析

这个成语出自《史记》，其背景是汉朝开国皇帝刘邦因为宠爱小儿子，就想更换已经确立的太子。叔孙通对他说：太子的问题关系到汉朝未来的国政；况且你和吕后是患难夫妻，过去日子过得很艰难，吃的也是清淡寡味的食物。现在更改太子不仅会破坏朝政，而且对不起你们过去的苦日子。希望大王能从大局着眼。刘邦听了之后觉得很有道理，于是不再改立太子。

叔孙通的远见不仅对巩固汉代大一统政治起到了重要的作用，也为我们留下了"攻苦食淡"这个含义深刻丰富的典故。

清真寡欲，〔1〕万物不能移也。〔2〕

——《世说新语·赏誉》

注释

〔1〕清真：清心质朴。寡欲：减少欲望。

〔2〕移：更改。

译文

一个人能够内心清净质朴、减少欲望，就不会被外在的物欲所侵蚀。

解析

凡夫俗子与道德高尚的人最大区别之一，就是能否控制外在物欲的诱惑。老子说"宠辱若惊"，就是说一般人无论是受到恩宠还是侮辱，都会内心惊惧。为什么呢？"贵大患若身"：因为得到就惊喜，而失去就恐惧，这是由于身心的贪欲不能得到满足。

晋代有一个著名的文人潘岳，他曾经写过文学名篇《闲居赋》，标榜自己厌恶官场，向往清净的境界，似乎很有节操的样子。可是在现实中他却不是这样：他常常与那位以"斗富"著称的石崇一起，向当时的权贵贾谧献媚。他走在路上时，每当看见贾谧的车子出来，就要马上跪拜，甚至车马早就扬起灰尘走远了，他还在跪拜。当时的人瞧不起他们，于是便用"望尘而拜"来讽刺他们这种人的丑态。

唐代著名文学家柳宗元有一个好朋友叫王参元，他的家境非常富裕，所以自己也就贪图享受、无所事事。一次突发大火将他的家烧得精光，柳宗元给他写了封信说，如果你这一辈子沉浸在斗鸡走马的生活中，那么这一生就完了。所以这是上天要让你干一番事业，才烧掉你们家的财产，好让你振作起来。

柳宗元最后写道：你的灾祸就是你的福音，所以我要来信祝福你。柳宗元的话的确值得我们深思。

君子忧道不忧贫。〔1〕

——《论语·卫灵公》

注释

〔1〕忧道：担心自己的道德修为（不够）。

译文

有德行的君子并不担心贫穷，而是担忧自己的道德修养不够。

解析

孔子能够从一个"少也贱"的平民成为历代人们顶礼膜拜的圣人，其根本的原因就在于他提倡并践行自己的仁德理论。这种道德的榜样成为人的精神所达到的极高境界，显示出一种超越时代地域的精神力量。

孔子的超越性在于：一般的人都很难脱离"名利"二字的诱惑，孔子却能够在这种诱惑面前坚持自己的理想。在天下为了名利纷争不已的时代，他带领弟子们周游天下宣传自己的主张。他清楚地知道，从国与国之间到人与人之间因利益争执所引发的战争，都与"利"有直接的关系，所以他大力倡导超越物欲，提倡"仁德"。虽然他一生都受到排斥和打击，然而，孔子却终身孜孜不倦地努力追求。这种精神境界不仅在古代激励了无数的仁人志士，今天依然是我们在精神追求上的巨大动力。

人不知而不愠，〔1〕不亦君子乎？

——《论语·学而》

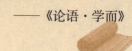

注释

〔1〕愠：生气，烦恼。

译文

虽然没有人理解我，但自己也不烦恼，难道这不是一种君子的精神吗？

解析

孔子的学生曾经问过老师：你的人生追求是什么？孔子回答："老者安之，朋友信之，少者怀之（让老人安享晚年，让朋友之间充满诚信，让少年儿童得到很好的关怀）。"在我们看来这已经足够"高大上"了，而他向往的超越尧舜圣王的"仁德"境界更是成为至今我们依然膺服的理想境界。他曾经称赞自己最喜爱的学生颜回"一箪食，一瓢饮，在陋巷，人不堪其忧，回也不改其乐"，自己也是坚持"富贵于我如浮云"。阅读《论语》我们也可以深刻地体会到，他的"忧道不忧贫"的思想给中国人留下了宝贵的精神遗产，直到今天这种道德精神上的文化遗产依然在滋养着我们的心灵，成为我们努力追求的人生奋斗目标。

知者乐水，〔1〕仁者乐山。

——《论语·雍也》

注释

〔1〕知者："知"通"智"。

译文

智慧的人能够从观察河水的流动中得到快乐，仁义的人则在流连山间之中感受愉悦。

解析

孔子在这句话之后还说：智慧聪明的人喜欢活跃（于社会事务之中，因此永葆青春活力），而仁爱慈惠的人则沉静（于哲理思考的快乐，所以能像巍峨的高山一样挺立）。聪明的人开心，智慧的人长寿。孔子所言并非仅仅指人的性格，更是在阐述做人的道理。

反观社会上的许多人，他们急功近利的渴望财富地位，然而从早忙到晚的芸芸众生又有多少人达成了自己的愿望呢？孔子所说的仁人智士，他们不是为了自己的私利而忙碌，而是将自己的才智用于造福社会和他人；他们在帮助别人当中得到无比的快乐，在思考社会人生之中得到精神的愉悦。这样的人"死而不亡"，因为他们的道德精神会永远流传。

与其奢也，宁俭。〔1〕

—— 《论语·八佾》

注释

〔1〕宁：宁可。

译文

在祭祀礼仪上，与其选择祭品丰盛奢华，不如选择节俭。

解析

中国古代是将祭祀礼仪作为国家的重大事务来对待的，所谓"国之大事，在祀与戎（国家最大的事情就是祭祀礼仪与军事战争）"就是这个意思。而作为儒家学派的创始人，孔子也是最讲究礼仪的，但在物质贫乏的时代，孔子认为不能在礼品上过多的讲究。《礼记·檀弓》曾记载孔子这样说，与其在举办丧礼的时候当事人铺张浪费讲排场却没有足够的悲哀之情，还不如有真实充沛的感情但祭品却不丰足这样更好。

但在今天，我们恰恰看到了孔子所不愿意看到的情形：在不少举办丧礼的场合，无论是办事的主人公还是一大群宾客，都已经把它办成了一种娱乐聚会；这些人孝敬父母做得很差，而操办起丧事来一个比一个豪华：高档骨灰盒、高级丧葬厅、豪华墓地购置起来丝毫没有困难；更有甚者还居然为逝者烧起了"二奶"！如果孔子地下有知，一定气得要从坟墓里面跳出来。

墨子说"丧虽有礼，而哀为本焉"（举办丧事虽然要讲究相应的礼仪，但悲哀的心情才是最重要的），这才是丧礼的根本。

君子周急不继富。〔1〕

—— 《论语·雍也》

注释

〔1〕周急：帮助急需的（贫穷）人。

译文

有德行的君子接济急需的人，而不去帮助富裕的人。

解析

中国有句古语：宁要雪中送炭，不愿锦上添花，意思也和孔子这句话完全一样。然而世界上的事情却往往如同西方"马太效应"一样："凡有的，还要加倍给他，叫他多余；没有的，连他所有的也要夺过来。"（《圣经·马太福音》）

在新闻媒体上，过去对于地区经济发展的"优等生"关注非常多，而对欠发达的地区则相对较少；教育部门对各地的重点中学、大学在资金拨款上特别优待；学校的领导、教师也对能够给他们带来名誉的准清华、北大的学生常常予以更多的照顾。笔者曾经亲自见过一个这样的学生被学校安排专门的住处，这给别的同学造成了很大的负面影响。

这些年来，经过社会上的不断呼吁以及政府部门的关注，一些问题有了改善，但要真正地解决问题，还需要我们花费很大的力气。

生财有大道：[1] 生之者众，食之者寡，为之者疾，[2] 用之者舒[3]，则财恒足矣。

——《礼记·大学》

注释

〔1〕大道：根本的法则。

〔2〕疾：大力，用力。

〔3〕舒：舒缓，缓和。恒：常。

译文

社会的财富有它产生的根本法则：如果从事生产的人多，消耗粮食、物资的人少；用力耕作的人不断努力，而使用的时候注意节约，那么国家的财富就一定很充足。

解析

人们常说"开源节流"，就是指一方面大力加强生产，另一方面则要注意节约，这样，一个国家的财富就会很充足。李贽曾经解释说：《大学》对于国家的生财之道有根本大计的说明，还说从事生产的人多（而消耗的财物却少，如此，国家财用就不会缺乏），但并不只是说注意节约就够了。如果单单靠节约就可以的话，那么，国君就可以只靠穿下等人的衣服，节省建设楼台的开支就可以高枕无忧了，这显然是不可能的。其根本的意思就是说，除了节约之外还必须大力发展生产。

所以辩证地看，开源与节流是相互配合的关系：节用如同节约使用河流的流水，它只是不让水源白白浪费，但如果上游的水太小，那么无论怎样节流也是于事无补的。只有加大上游的水流来源，才能够产生源源不断的动能和资源；反过来说，不能因为水源丰富就可以任意浪费，如果这样的话，无论有再多的流水也会被无限制的浪费消耗掉，对于"天生财有限"的物品而言是这样，使用有限人力生产的粮食等物资更是如此。

国家贫，则语之节用、节葬。〔1〕

——《墨子·鲁问》

注释

〔1〕语之：语，告诉，宣讲。

译文

如果一个国家贫困，就要大力宣讲节用和节葬的观点。

解析

除了"兼爱非攻"之外，墨子在他救世的思想宣传中特别强调"节用"，其原因就是因为当时的许多国家在战乱中本来就已经非常贫穷了，而骄奢淫逸的统治者却依然奢侈腐败，甚至死后还耗费大量人力物力"厚葬"，这就更造成了贫富的严重不均现象；社会上的争夺动乱与战争也就不可避免地因此而引发。这个道理不仅古代是这样，现代社会同样如此。

其实，不但在国家贫困的时候需要大力提倡节用，当一个国家经济发展和繁荣的时候仍然必须强调节俭，否则的话同样会引起严重的问题。

越王勾践食不重味，〔1〕衣不重彩。〔2〕

——《史记·吴太伯世家》

注释

〔1〕重味：两种味道，"不重味"，意思是食物单一。

〔2〕重彩：不同颜色。

译文

越王勾践吃的食物单一，穿的衣服颜色也很单调。

解析

在中国历史上，越王勾践"卧薪尝胆"的故事长期被人们传诵，其原因就在于这个故事能够给遭遇挫折的人以极大的勇气和信心：一个国家在覆灭之后居然还能够卷土重来，而且创造出更大的辉煌，这对于处于人生低谷的人来说不能不是一个极大的鼓励。

就其形成我们中华民族的精神传统来说，这个故事的激励作用也是很大的；然而，在今天因为缺少了艰苦岁月的磨练，现在的不少青少年习惯于优越的生活条件，认为这些是理所当然的。过去老一辈提倡的"艰苦朴素"在他们看来已经不是什么美德，而是一种会被人嘲笑的事情。

艰苦朴素、厉行节俭的习惯要从幼儿园开始培养。通过一代一代的长期努力，才能从根本上改变目前的状况。

子弟欲其成人，总要从寒苦艰难中做起；〔1〕多酝酿一代，〔2〕多延久一代也。

——左宗棠《家训》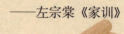

注释

〔1〕寒苦：形容生活艰难。

〔2〕酝酿：这里是积累的意思。

译文

后辈子弟们如果想要成为有用的人才，必须首先要经历艰苦生活的磨练；多积累一代人就能多在家族中延续一代。

解析

左宗棠作为中国最后一个封建王朝的一股清流，在历史上留下了千载美名，尤其是在江河日下的国势下，他还能够带兵收复新疆，更成为中华民族的伟大功臣。他的成功绝对不是偶然的。

左宗棠少年时候就显示出与众不同之处：除了阅读传统的经史子集外，他特别喜好研究经济、军事、地理、农学的知识，正是这种与其他读书人不一样的积累，为他以后收复新疆奠定了基础。在三次落第期间，他更是全力以赴的研究关于经世济世的学问，并因此受到林则徐等人的特别厚爱。

得到领兵收复新疆的重任之后，他首先经过了一年半的准备，尤其是通过建设兵工厂，经过了充分备战，然后才稳扎稳打地不断

推进军队平定叛乱，最终克服了外有道路险阻、内有朝臣掣肘等种
种困难，完成了收复新疆的伟业。

发上等愿，结中等缘，〔1〕享下等福。

——左宗棠《拟对联》

注释

〔1〕发愿：发下誓愿。结缘：结交善缘。

译文

发下最大的誓愿，结交中等的缘分，享受下等的福报。

解析

这是左宗棠撰写的对联的上联，也是左氏家族的著名家训。左宗棠在事功上有伟大的建树，但为人处世却十分低调，在人品道德上更是备受同时代的人推崇，有人说："公立身不苟，家教甚严。入门虽三尺之童，见客均彬彬有礼。虽盛暑，男女无袒褐者。烟赌诸具，不使入门，虽两世官致通显，又值风俗竞尚繁华，谨守荆布之素，从未沾染习气。"即左宗棠立身处世绝不苟且懒惰，他的家教也很严格。只要走到他的家里就可以看到，即使是小孩子见到客人也是彬彬有礼的。哪怕天气再热，家中的男男女女也是穿戴整齐，绝对不会有一个人袒露衣服。当时社会上吸食鸦片等恶习在他的家中是绝对看不到的。在风气都崇尚奢华的时代，他的家人却像老百姓一样朴素，绝不沾染一点奢靡的时风。而这一切都是因为左宗棠带头节俭，并在家族中树立了良好的家训。

择高处立，寻平处住，〔1〕向宽处行。〔2〕

——左宗棠《拟对联》

注释

〔1〕平处住：低调处事。

〔2〕宽处行：留有余地。

译文

看问题要高瞻远瞩，做人要低调处事，做事留有余地。

解析

这是一个具有伟大格局的人对自己的要求，每一个方面都值得我们深思。一般的人只顾眼前，所以终生也不可能有大的成就。中等的人做出了一定成绩就喜欢炫耀，生怕别人不知道。而所谓大人物也难以免俗的是：得到了权势之后，就要讲究排场和享受，他们没有想到是：权力都是人民给予的，只顾自己的利益甚至大肆贪污腐败，无论他有多么大的功劳、多么大的权力，如果一味贪腐，最终也会被民众抛弃。

在反对贪腐之风的今天，左宗棠的家训不仅对官员是很好的警醒，对我们普通人的修身立家也同样具有深刻的启示。

俭约自守　力戒奢华

勿恃富欺贫，〔1〕勿挟贵凌贱；〔2〕又勿贫不自守。〔3〕

——秦良玉家族《秦氏家规》

注释

〔1〕恃：凭借。

〔2〕挟：持，依仗。

〔3〕自守：坚守自我节操。

译文

不要依仗富有而欺压贫穷的人，也不要依仗高贵而去欺负低贱的人；作为穷人也要保持自己的节操（不可低三下四、丧失人格）。

解析

作为中国正史上唯一记载的女将军，秦良玉的成功得益于自己家族的优良家规。她的父亲秦葵喜欢读书而不致力于科举功名。他持家甚严，不喜欢荣华富贵。对他的后代要求严格，对其报效国家给予很大希望，曾经对儿女们说："天下将有事矣，尔曹能执干戈以为社稷者，吾子也。"意思就是说："天下将会有大乱，如果你们能够拿起武器保卫国家，那才是我秦葵的后代！"秦良玉正是在这种良好的家风教育下成长起来的。

中纪委网站曾经登载了秦良玉家族的家训，对这位抵御外敌的女将军给予了很高的评价。即使在今天，这种"勿恃富欺贫，勿夹贵凌贱；又勿贫不自守"的优良传统道德依然值得我们继承和发扬。

贫而无谄，[1] 富而无骄。

——《论语·学而》

注释

〔1〕谄：谄媚，讨好。

译文

贫穷时不要奴颜媚膝，富贵了不能傲视于人。

解析

中国民间有一句话叫"逢善不欺，逢恶不怕"，反映的也是同样的意志和傲骨。

在我们老一辈的革命家彭德怀身上，就鲜明地体现了这种优良的品德：作为坚持真理的革命家，他不畏权势，敢于在一切场合仗义执言；同时，这位出身底层的革命家，他对于普通民众充满了感情。他的警卫员的父亲是农民，来到北京看望儿子。但儿子却不让父亲来看他。彭德怀知道了亲自将警卫员的父亲请到家里，招待他吃饭，还对父子俩说："我们都是农民出身，农民有什么不好！"

而在今天，有的公务员对待上级尊敬有加，而对自己的父母——尤其是没有文化、没有地位的农村父母非常轻慢。对比古今道德的榜样，这些人应该感到羞愧。我们的干部要像尊重领导一样尊重父母。

身无半亩，〔1〕心忧天下；读破万卷，〔2〕神交古人。〔3〕

——左宗棠《家训》

注释

〔1〕半亩：半亩土地，形容没有维持温饱的财产。

〔2〕读破万卷：读懂大量的书籍。

〔3〕神交：精神上交往相通。

译文

无多余财产，却担忧天下的安危；读书破万卷，能与古人精神相通。

解析

左宗棠能够在清朝政府江河日下的时候力挽狂澜，这与他从小就壮志凌云有深刻的关系，同时与他良好的家庭教育也有直接的关系。左宗棠的父亲左观澜是一位穷秀才，在最穷困的时候，他的妻子余夫人只得用糠屑作饼给家人充饥。虽然是一户读书人家，过的却是最底层的生活。尽管家中贫穷，他们却一直继承祖上的优良传统。

从左宗棠的太爷爷开始，左氏家族就以乐善好施著称乡里。他的高祖父名叫左逢圣，在当地的以孝义闻名，并且特别喜欢周穷济贫。他的祖父左人锦不仅继承家风，还专门修建了"族仓"以备饥荒。当灾荒来临的时候，他们的族人不仅没有一个人挨饿，他还将粮食拿出来接济穷人。

在这种家庭长大的左宗棠自然继承了这种良好的传统。其实左宗棠小的时候既非常聪明也异常的调皮，不过父亲见他少小就志向远大，对他也没有过多的严格管教。可见一个家庭或者家族对下一代的影响往往是潜移默化的，所以家族中节俭好义的悠久传统自然会深刻的浸润到下一代的心中。这种精神基因的传递在左宗棠的一生中得到了良好的体现。

俭约自守　力戒奢华

茅屋是吾居，〔1〕休想华丽的；画栋的不久居，〔2〕雕梁的有坏期。〔3〕

——杨慎《四足歌》

注释

〔1〕吾居：我的家。

〔2〕不久居：（再好的房屋也）有朽坏的时候。

〔3〕雕梁、画栋：房屋中华丽的雕刻和装饰，指富丽堂皇的豪宅。

译文

茅屋也是我安心居住的家，而不要去想那些华丽的房屋；雕梁画栋的住宅无论有多么的豪华，但它们也有朽坏的时候。

解析

杨慎，号升庵，是明代四川唯一的状元，但与历史上许多状元不一样的是，他并不像其他同类人那样，只是为了死读四书五经求取功名，而是在多方面都有显著的贡献：他不仅是明代最著名的文学家之一，而且在历史学、地理学、方志学（编写《云南通志》《云南山川志》等）、金石学、文字音韵学等多方面都有独到的贡献，他的著作多达 400 多种。

更加难能可贵的是他的志气风骨：他在预修《武宗实录》的时候坚持秉笔直书的优良传统，绝不"为尊者讳"。在理学盛行的时代，他敢于指责那些迷信理学的人是只知道有"性命"之学，而不知道"有汉唐前说"。

在修身治家方面，杨升庵一生清贫廉洁，尽管他曾经身居高位，但绝不讲求利禄金钱，他的夫人黄娥也是以"布衣荆钗"（穿百姓的衣服，戴平民的首饰）而著名。正因为如此，他的家训才特别强调节俭。直到今天，杨氏的许多家训仍然被后人牢记，而且一直在新都当地广为流传。今天的游人来到新都桂湖的杨升庵纪念馆，依然能够看到下面这些著名的家训，并受到深刻的启发："家人重执业，家产重量出（家族中的人要有谋生的职业，对于家产更要量入为出）。"

傲不可长，〔1〕欲不可纵，〔2〕志不可满，乐不可极。〔3〕

——《礼纪·曲礼上》

注释

〔1〕长：增长。

〔2〕纵：放纵。

〔3〕极：极端，过分。

译文

骄傲情绪不可过分滋长，内心欲望不可任意放纵，适度享受但不可极端化，志向也不可过于偏高。

解析

这一典文说明了，在大好形势面前一定要保持清醒的头脑，否则居功自傲、恣意妄为就会自取祸殃。

譬如，魏徵就曾在大好形势下事情刚刚出现苗头的时候，敏锐地发现了问题的严重性，并给当政者提出了严厉的警告。唐太宗不仅认为魏徵的才干超过诸葛亮，还能够采纳他的意见。而后来的唐玄宗也正是违背了魏徵曾经提出过的教训，最终导致了"安史之乱"，盛唐从此江河日下，他自己也落得个昏聩之君的骂名。

正是唐太宗接受并在实践中坚持"傲不可长，欲不可纵，乐不可极，志不可满"的正确主张，才有可能出现"贞观之治"的盛世繁荣。这个历史的真理在今天依然具有巨大的现实意义。

节饮食，戒游戏；[1] 毋说谎，毋贪利。

——王阳明《家训》

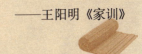

注释

[1] 戒游戏：不要沉迷于游戏之中。

译文

饮食要节制，游戏勿贪恋；谎话要戒除，暴利别贪取。

解析

作为中国历史上罕见的在"德""言""功"三个方面都极具建树的人物，王阳明不仅在古代甚至现代社会中依然有很大的影响。但在功成名就的时候，他却保持了清醒的头脑：历史上"狡兔死，走狗烹"的教训令他时时保持清醒的头脑。在他已经出名之后，一次他的叔父来看他，王阳明在巡抚衙门接待了他，并在临别时候赠诗一首，也让叔父将他写的《示宪儿》带给儿子。他希望家人对王正宪严加教训，读书学礼，从"心地"开始，以德行着手，将儿子培养成为"良士"。

其实，几百年之前王阳明担心的问题也正是我们今天的每一位家长需要面对的问题：如何让没有经历过艰苦岁月的下一代养成良好的道德习惯，同时又要能够适应当代社会的激烈竞争，这是一个很大的挑战。许多家长自己没有做出良好的道德榜样，却想依靠枯燥的说教产生好的效果，可能吗？

俭约自守　力戒奢华

217

经世致用，〔1〕俭约知礼。〔2〕

——张之洞《家训》

注释

〔1〕经世致用：（做学问要）结合社会的实际需要、解决社会实际问题。

〔2〕俭约：生活简单节约。

译文

做学问要结合社会的实际需要、解决社会的实际问题，生活则要简单节约。

解析

张之洞是"晚清四大名臣"之一，尤其是在兴办现代实业方面有显著的贡献。而他所提出的这个家训也有非常直接的现实针对性。

他在孱弱的清朝对外屡吃败仗之后，痛定思痛，大力提倡士子们要"经世致用"；同时他利用手中的权力身体力行创办"汉阳铁厂""湖北枪炮厂"等企业，为中国现代工业进行了拓荒性的工作，在历史上作出了突出的贡献。

同时，他针对官吏、士大夫子弟奢侈贪腐的习气，大力提倡勤俭节约，尤其是对自己的家人、子女要求非常严格。总的说来，在晚清政治人物中尽管他后来是一个保皇派，但他对中国实业作出的贡献还是不能否定的。特别是他的这个家训在今天贪腐的问题产生负面社会影响的情况下，仍然具有现实的针对性和警示意义。

三家五户要相亲，[1] 缓急大家帮衬。[2]

——《毛氏家训》

注释

〔1〕三家五户：这里指毛氏的宗支家庭。

〔2〕缓急：本为平缓与危急（之事），这里重点在"急"。

译文

本宗的各家各户都要相亲相爱，如果遇到哪家有困难，大家都要相互帮助。

解析

作为著名家族的家训，《毛氏家训》的这一训诫，不仅反映了中国固有的传统美德，而且也对毛泽东的性格产生了重要的影响。从学生时代对同学的同情与帮助，到发动"倒张运动"，一直到创办"农民运动讲习所"，都可以看到他自幼受到的家庭教育、尤其是母亲"相亲""周济"美德的影响。

不仅《毛氏家族》是这样，中国大量的传统家训家规也都普遍有同样的内容，经过一代一代的传承，它们将中华民族的传统美德变为了每一个中国人的道德标准。相比西方的王室、贵族等传统家族而言，我们可以明显看到二者之间的区别：西方的传统大家族往往都是历史上的王室与贵族传承而来，他们大多是依靠血缘关系和权势金钱才维护了数百年的家族繁荣。而在中国，真正的帝王家庭在王朝灭亡之后并没有产生同样延续数百年的家族，反而是普通的人物像范仲淹、秦观以及近代的梁（启超）家、陈（寅恪）家以及钱氏家族等著名的家族，他们依靠节俭互助、诗书耕读传家等优良的家训家规，实际上也就是依靠我们悠久民族的巨大智慧与优秀道德一代又一代的传承下来。

俭约自守　力戒奢华

兄弟不可争产，〔1〕志须在报国、勤学、立品。〔2〕

——张之洞《家训》

注释

〔1〕争产：争夺家中的产业。

〔2〕立品：树立自己高尚的品格。

译文

兄弟之间不能够争夺家产，而应该将精力放在有志勤学、报效国家、树立自己高尚的品格这些方面。

解析

在中国古代，从士大夫家庭到普通读书人和百姓都将勤俭视为公认的美德。然而，在打开国门之后，我们一方面引进了西方的科学技术与文化艺术，促进了中国的改革开放和经济的发展。另一方面在"洋风"的吹动之下，不少人尤其是喜好新奇的年轻人也认为传统的文化和道德已经成为"老古董"，对他们不再产生吸引力了。在这种风气之下，炫酷、炫富、追求奢侈品成为他们中的许多人趋之若鹜的事情。

在传统美德被丢掉之后，一些人不是希望勤劳致富，而是总想走捷径快速致富；对自己家的老人也不思如何孝敬，却总想着怎样将父母辛辛苦苦攒下的钱尽早据为己有。他们把传统家训中的"兄弟不可争产"变成了"兄弟必须争产"，为了达到自己的目的甚至不惜闹上法庭，受到世人的耻笑。

而与这些人相反的是：我们有背着妈妈上大学的男生，也有读书的同时照顾母亲的女生。在他们的身上体现了我们中华民族优秀的传统美德，让我们看到了我们伟大民族未来的希望。令人可喜的是，还有这样的年轻人：宁愿放弃国外博士毕业之后的优厚待遇，毅然回到农村，通过自己辛勤的劳动带动乡亲们致富的"海归博士"。所以我们有信心将中华民族艰苦奋斗、勤俭节约的优良传统代代相传。

不要官，不要钱，不要命。〔1〕

——彭玉麟《家训》

注释

〔1〕不要命：（为了事业）宁愿牺牲生命。

译文

不要希望当官威风，不要贪图升官发财，为了国家的利益宁愿自己牺牲性命。

解析

彭玉麟是安徽安庆人。他不仅是清朝晚期军事家，而且是中国近代海军奠基人。他在西方列强入侵、腐败的清廷实行软弱投降政策的情况下，毅然主张坚决抵抗，尤其是在抗法战争中作出了杰出的贡献，被誉为与左宗棠、曾国藩并称的晚清"三杰"。

在中法战争爆发之后，他奉旨赴广东办理防务。光绪十一年（1885 年），法军进犯谅山，窥伺广西，他率老将冯子材抗击法军。在镇南关、谅山一战与法军交战，大获全胜，死后谥号"刚直"。在晚清颓弱的国势与朝中污吏横行的时代，他的确像是一股清流，成为中国不亡的中流砥柱。

他的这个家训传承了中华民族自古以来的抵御外来侵略的优良传统，也被无数事实证明是中华民族文明千古延续的重要保证。在贪污腐败横行、士气低下、民心低落的时代，民族英雄岳飞曾留下了"文官不爱钱，武官不惜死"这样的名言，正是依靠这些"最勇敢的人"，中华民族才在千年历史上屡遭内乱与外患的时代依然屹立于世界民族之林。

我〔1〕以不贪为宝。〔2〕

——《左传·襄公十五年》

注释

〔1〕我：这里指的是著名贤相子罕。

〔2〕贪：贪财。

译文

我是将不贪财的品行作为宝贝。

解析

　　这句名言的背后有一个著名的故事：宋国有一个人得到了一块宝玉，就准备将它送给国相子罕。子罕对他说："你将这块玉石当作宝贝，我却以不贪的品格作为宝贝。如果我接受了你的宝玉，那就是把我们两人的宝贝都丢了。与其这样，还不如我们两人都持有自己的宝贝。"

　　这个故事与汉代的"四知堂"有异曲同工之妙：汉代的杨震在调任东莱太守的时候，有人向他行贿，还说没有人知道。杨震马上回答他："天知，神知，你知，我知。怎么会没人知道？"这个故事不仅在历史上留下了"四知堂"这个著名的堂号，而且杨震的节俭行为给子孙作了很好的榜样，他的后世子孙也都"蔬食布衣"，直到今天，杨氏家族的后裔都将"四知堂"作为自己家族的荣耀。

　　儒家有一个非常好的观念叫"慎独"，就是说在没有任何人监督的时候也能够严格要求自己。这的确是一个很能够考验一个人道德修养的关键，子罕、杨震这样的人物之所以能够流传千古，就是因为他们的品行在今天依然给我们树立了极好的榜样。

和睦相处，富帮贫，贫不嫉富。〔1〕

——《宋氏家训》

注释

〔1〕嫉：嫉妒。

译文

（宋氏家族的人）都要和睦相处：富裕的家庭要帮助穷困的，而贫穷的也不要妒嫉富裕的。

解析

这个《宋氏家训》出自中国近代著名的宋氏家族始祖宋耀如。其实他的一生非常曲折：他原名叫宋嘉树，由于出身贫寒从小就给别人做苦工。后来他跟随舅舅到了古巴打工，三年之后来到美国。回国之后他赚了不少钱。由于穷苦的出身与海外的经历，他非常赞赏孙中山的"三民主义"，还将自己的绝大部分资金用来资助孙中山的革命事业。同时由于他自己的早期苦难经历，所以他十分注重以严格的家规、家训要求自己的子女，并培养出"宋氏三姊妹"这样影响中国近代历史的著名人物。

看起来他定下的这个家训并没有什么惊天动地的豪言壮语，然而却具有非常深刻的含义：一般的富贵人家往往因为"富贵而骄"就飞扬跋扈，所以孔子主张"贫而不谄，富而不骄"，墨子要求"有财者据以分人"。而历史上的一些著名人物也都用自己的行动实践这些古训：杨震依靠清廉留下了"四知堂"的美名，魏徵凭借节俭使得后人没有忧患，范仲淹则以节俭的家训以及创办"义庄""义学"流芳百世。

现代社会之所以有那么多富二代的纨绔子弟，就是因为他们没有经历过创业先辈的艰难历程，却沾染了富家子弟的毛病与恶习；他们不仅对中华民族的传统美德视而不见，也忘记了自己的父辈白手起家的艰辛。这与上述人物的鲜明对比值得深思。

德不孤，〔1〕必有邻。〔2〕

——《论语·里仁》

注释

〔1〕德：指有道德的人。不孤：不会孤单。

〔2〕有邻：有人相伴。

译文

有道德的人不会孤单，一定会有人与他相伴。

解析

唐代有一位著名的文学家刘禹锡，他写的名篇《陋室铭》，可以作为《论语》这句名言的最佳注释，同时也成为无数雅人高士的向往——即为了保持高洁的操守宁愿过着最简朴的生活。

在当代，同样有这种愿意坚持过简朴的生活，而将时间和精力用来追求崇高境界的人：国外的代表有甘地和爱因斯坦，国内则有晏阳初、陶行知这样的典型。如果他们对金钱有所企求的话，凭借他们的智慧与贡献可以轻而易举的取得常人难以获取的财富，但他们宁愿用自己全部的智慧与精力去为社会大众谋福利，用一生的努力去进行精神、思想的探索。这和人类历史上的孔子、墨子、老子、庄子以及苏格拉底等大思想家一样，世世代代为后人所景仰。反之，在同时期的人类历史上，无数帝王将相、达官贵人他们的权势与财富早已经灰飞烟灭。

在物欲横流的当代，"简朴的生活，高超的思想"仍然是我们值得努力追求的生活。

节于身，诲于民，〔1〕……财用可得而足。〔2〕

——《墨子·辞过》

注释

〔1〕节于身：（统治者）自身节约。诲于民：教导百姓（也这样做）。

〔2〕可得而足：（国家的财富）就可以很充足。

译文

如果一个国家的统治者自己带头节约，同时也教育老百姓这样做，那么国家的财富自然就会很充足。

解析

对于一个国家来说，发展生产固然是非常重要的事情，但如果不能很好解决分配的问题，那么富裕的国家同样会有很大的社会问题；尤其是上层人物如果铺张浪费、奢侈腐化，那么问题就会更加严重。古代中国的商朝与罗马帝国，当代的非洲独裁国家甚至美国这样的发达国家，无一不是这样。

这种教训的深刻启示就是：对于厉行节俭而言，向普通的百姓宣传固然重要，但更重要的是执政者要首先身体力行，否则说得再多也没有效果，甚至适得其反。

信守则固，〔1〕义节则度。〔2〕

——《国语·周语上》

注释

〔1〕固：（社会）稳固。

〔2〕义节：以礼仪来节制。度：适度

译文

恪守信用社会才会稳定，靠礼义来节制国家才能很好发展。

解析

在中国历史上，晋国的公子重耳是一个传奇的人物，他在历史上最为人称诵的是：从一个贵公子经过颠沛流离最终成长为一位雄才大略的人物，通过脱胎换骨心灵历程，他不仅完成了成长为一代霸主的华丽转身，而晋国也因此从内乱走向了强盛。在历史上他的故事与越王勾践"卧薪尝胆"的传奇一样，都成为激励千千万万奋斗者的巨大动力。

无论是晋文公还是晋国前后的巨变都为后世留下了深刻的启示：一个国家的强大不是依靠外在的力量，国家最大的力量并不是军队的强大与武器的先进，而是依靠民心与民力的强大。而要做到这一点，就必须发扬我们勤劳勇敢、勤俭节约的优良传统。

俭约自守 力戒奢华

分均无怨，〔1〕行报无匮。〔2〕

—— 《国语·周语上》

注释

〔1〕分均：分配平均。

〔2〕匮：匮乏，缺乏。

译文

分配平均百姓就没有怨言，施行生效财用就不会匮乏。

解析

孔子曾经说过：不要担心贫困而要担忧分配不公正。而古今中外的大量事实都证明：严重的贫富差距与分配不公往往都是造成社会动乱的重要原因：从古罗马到今天的南非暴掠抢劫无一不是最好的证明。历史上曾经有许多强大的国家，而由于贫富不均最终导致了灭亡。

老子说他有"三宝"：除了"慈"和"俭"之外，还有一个就是"不敢为天下先"，意思就是以谦卑的姿态对待他人，就像汇聚百川的江海一样永远处于最低下的位置。当这样的人领导百姓的时候，人民就没有负担，会自觉地拥护他。这样他不与人争斗，天下却没有人能够和他争胜。

乐而不淫，哀而不伤。〔1〕

——《论语·八佾》

注释

〔1〕淫：过分。伤：过分的悲伤。

译文

快乐的时候不能过分，悲哀的时候也不要过分的伤心。

解析

　　普通人都很难控制自己的欲望和情绪：发财之后就容易骄横，贫穷之际则很沮丧；得意之时容易轻狂，失意之后就抬不起头。这是因为他们过于注重物欲的追求，所以很难摆脱"宠辱若惊"的常人局限。

　　世界著名作家斯蒂芬·茨威格写过一部书，名叫《人类的群星闪耀时》，里面的主人公包括了西塞罗、歌德、托尔斯泰、陀思妥耶夫斯基、鲁热（《马赛曲》作者）、威尔逊（美国总统）……这些人无一不是在精神上孜孜不倦的追求，并为人类作出了显著贡献的人物。古往今来的人类正是在这样的杰出人物的引领下，才一代又一代的创造出辉煌的文明。

俭约自守　力戒奢华

守固不偷，〔1〕节度不携。〔2〕

—— 《国语·周语上》

注释

〔1〕偷：减少。

〔2〕携：离散。

译文

固守节俭国家的财富就不会减少，节制用度财富就会增加。

解析

《国语·周语》这里所说的道理是从春秋时期的晋国从衰败到强盛的历史教训中总结出来的：历史上的晋国从内乱不止、民不聊生成为著名的强国乃至"春秋五霸"，其中有一个著名人物作出了关键性的贡献，他就是晋公子重耳。

在经历了流亡十九年回到晋国之后，他真正承担起振兴国家的行动，尤其是他减免国人的赋税、减轻百姓的劳役、发展生产、救济贫困、节省宫廷的开支等一系列举措，极大地调动了晋国上下的热情，使得人心气势高涨、国力强盛，最终也将一个过去贫弱内乱的国家带到了"春秋霸主"的万众仰望的地位。

这个在中国历史上流传了两千多年的故事，其中所蕴含的道理今天仍然值得我们深思。

民不怨而财不匮。[1]

——《国语·周语上》

注释

〔1〕匮：匮乏，缺乏。

译文

老百姓没有怨言才会（尽力从事生产劳作，从而）出现物资不会匮乏的情况。

解析

一般的人谈论经济都是直接的关注经济指标，但是一个国家真正的潜力在于：国家的治理者作出良好的榜样，遏制并减少官员的贪腐；同时真正的关心老百姓，使他们能够心情舒畅，这样才有动力去努力工作，创造国家的财富。历史上的晋国由弱转强的原因就是这样的。

在当今时代，如何缓减贫富不均带来的社会矛盾，依然是一个国家良性发展的根本。从这个道理来说，"民不怨而财不匮"仍然是值得我们深思的。

在今天，习近平总书记已经将节俭提高到反腐与国家存亡的高度来认识和强调，他不仅多次引用"历览前贤国与家，成由勤俭败由奢"等古训，而且引用无数的历史经验告诉我们，铺张浪费绝非小事。无论是一个家庭的富裕，还是一个国家的强大，都离不开开源节流、勤俭持家。

俭约自守　力戒奢华

237

千里之堤，以蝼蚁之穴漏；百寻之屋，以突隙之烟焚。〔1〕

——《淮南子·人间训》

注释

〔1〕突隙：烟囱的缝隙。

译文

千里的长堤，会因为小小的蚂蚁洞隙（不断扩大）而被冲垮，百丈高的大厦，也会由于烟囱上的微小缝隙（漏火）而被焚毁。

解析

中国有句成语叫"防微杜渐"，意思就是任何事情都要从最微小的地方做起。坏的事情是这样，好的事情同样也是由小到大不断积累的。正如老子所说：百尺高台，起于垒土；参天大树，始于芽蘖（百尺的高台，是一堆堆泥土累积起来的；参天大树，最初只是微小的幼芽）。

著名的颜氏家族的始祖颜回，从"在陋巷"开始专注于自己仁德与节俭的培养，然后一代一代传承优良的家风，到撰写中国第一部家训的颜之推以及唐代名将、著名书法家颜真卿，积累两千多年至今，形成全中国数十万人的颜氏家族。凝聚他们的就是延续千年的"节俭"家训，虽然各个宗支分散在全国各地，但勤俭一直是颜氏家族的不同宗支的著名家训。直到今天，全国各地的颜氏家祠里面以及各地支系的家谱中，仍然可以看到这样的家训。宋代名臣范仲淹的家族同样秉承其先祖遗留的节俭家训而传承至今。笔者就曾多次到过四川德阳罗江的范家大院，至今对里面刊刻的范氏家训记忆深刻。

天生人而使有贪有欲。欲有情，情有节〔1〕。圣人修节以止欲，故不过〔2〕行其情也。〔3〕

——《吕氏春秋·情欲》

注释

〔1〕节：节制，适度。

〔2〕过：过分。

〔3〕情：适度的感情。

译文

大自然产生了人，并使他有贪婪、有欲望。人的欲望中有感情，但情感中必须带有节制。圣人修行节制之道来抑止过分的欲念，使人在满足基本欲望的同时不会超过限度。

解析

人作为一种高等动物就摆脱不了自然的欲望，所以孟子也就说过："食色，性也（饮食与情欲是人的天性）。"但人与动物的最大区别就在于人能够掌控自己的欲望，而动物却只能够被动的适应自然天性。一个人的道德修养越高，也就能够更好地节制自己的欲望，尤其是对情欲与贪欲的控制是他和一般人的区别更为明显。

司马光曾经告诫儿子说："大凡有德行的人都很节俭。一个明白事理的人如果贪欲过多而渴求富贵，那他就会偏离正道，很快遭来祸患；无知的小人如果有了贪欲就会家庭破财，甚至招来杀身之

祸，弄得家破人亡；当官的如果追求享乐就会接受贿赂，最后身败
名裂。所以奢侈是一种最大的罪恶。"

责任编辑：刘　畅

版式设计：顾杰珍

图书在版编目（CIP）数据

俭约自守　力戒奢华／秦彦士 编著 . —北京：人民出版社，2022.5
　（2022.10 重印）
（典亮世界丛书）
ISBN 978－7－01－024216－3

I.①俭… 　Ⅱ.①秦… 　Ⅲ.①品德教育－中国－通俗读物 　Ⅳ.① D648–49

中国版本图书馆 CIP 数据核字（2022）第 058862 号

俭约自守　力戒奢华
JIANYUE ZISHOU LIJIE SHEHUA

秦彦士　编著

人民出版社 出版发行
（100706　北京市东城区隆福寺街 99 号）

北京中科印刷有限公司印刷　新华书店经销

2022 年 5 月第 1 版　2022 年 10 月北京第 2 次印刷
开本：710 毫米 ×1000 毫米 1/16　印张：15.5
字数：197 千字

ISBN 978－7－01－024216－3　定价：75.00 元

邮购地址 100706　北京市东城区隆福寺街 99 号
人民东方图书销售中心　电话（010）65250042　65289539